從銀座通到中正路

重返1945之前，
老屋與檔案組成的
非日常行旅路線

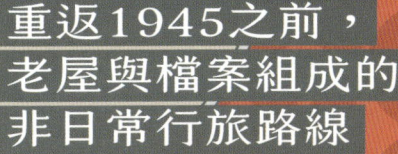

004　推薦序
014　導言

PART1
洄游歷史線索

020　基隆　找尋海港記憶拼圖
030　臺北　走進島都時代風華
048　新北　來去板橋探幽尋古

PART2
踏尋時代軌跡

060　新竹　重溫風城摩登時光
074　臺中　尋找時代人文底蘊
088　嘉義　重現桃城消逝光影

＊旅遊資訊時常異動，建議出發前事先確認景點與店家資訊。

PART3
尋覓古城風華

102　臺南㊀　遇見府城前世今生

118　臺南㊁　點亮古都記憶幽光

PART5
打開建築記憶

164　花蓮　漫遊山海踏查時空

178　澎湖　串起歲月記憶紋理

PART4
穿越百年時空

134　高雄　探尋港都吉光片羽

148　屏東　挖掘時間變遷痕跡

190　後記

192　註釋

199　圖片來源

推薦序 FOREWORD

→ 從銀座通到中正路：重返 1945 之前，老屋與檔案組成的非日常行旅路線

↓ 輕輕鬆鬆，走進歷史現場

臺灣大學慶明文學講座博士後研究員、疑案辦副主編 路那

哪個黨？如何不當？關於「不當黨產處理委員會」

民國 105 年（2016年），「不當黨產處理委員會」成立。其名稱中的「黨產」，儘管在法條中指陳為「中華民國七十六年（1987年）七月十五日前成立並依動員戡亂時期人民團體法規定備案者」，而應有中國國民黨、中國青年黨、中國民主社會黨、中國新社會黨、中國中和黨、民主進步黨、青年中國黨、中國民主青年黨、民主行動黨、中國中青黨等十個政黨，但臺灣社會普遍而言，均將此「黨」之意指補全為中國國民黨。

為何如此？在臺灣，此一語意的成立，首先源自於訓政時期。當時「黨國合一，以黨領政」的行政架構，使得國民黨之預算編列於政府預算中。在此一架構下，代替日本殖民政府入主臺灣的國民政府，其對日產的接收與轉讓遂不乏可議之處。最大的問題，在於以侵占、徵收、賤價收購與轉帳撥用等方式，使中國國民黨相關單位越過政府單位，成為實際使用者或資產擁有者。在這之中，較難一望即知的方式，即是在本書占了頗多例子的「轉帳撥用」。

所謂的轉帳撥用，簡單地來說，就是透過帳面上的會計處理，以不須支付實際金額的方式，將國產轉為黨產的手段。由小見大，可知「黨國」一詞，實非生造。國家應該是一黨的國家嗎？國產應該是一黨的財產嗎？正是對這兩個問題的追問，才在解嚴三十年後，於社會共識下，孵育出了「不當黨產處理委員會」此一機構。

旅行的體感，是開啟好奇的鑰匙

「不當黨產處理委員會」的成立，是臺灣轉型正義的一大里程碑。職是之故，它也肩負著告知民眾其研究成果的義務。該如何將枯燥的調查清冊轉為易於大眾親近並願意花費時間加以了解的事物？遂成了黨產會的一大課題。新世紀後，一般民眾對於臺灣文史的好奇逐步高漲；因新冠疫情所導

致的跨國交通阻礙，使得地方長期積累的文史潛能透過小旅行與走讀等新興旅遊形式得以被大眾所見。本次《從銀座通到中正路：重返1945之前，老屋與檔案組成的非日常行旅路線》的出版，正是透過紙上小旅行，將黨產會研究成果呈現給大眾的一個嘗試。

選擇以城市旅行書的形式，作為與大眾溝通之途徑，除了近年的風潮外，行旅本身的作用亦不可小覷。首先，肉身親臨的體感，終究與紙上閱覽有著顯著的不同。在一處行走之時，眼睛所看到的風景、鼻子嗅到的氣味，乃至於肌膚所感受到的日光與濕度等，再再構成了我們對一地的印象。這樣的印象，是單純的閱讀所難以企及的，也是為何熱門的休閒活動中，「旅遊」始終榜上有名的原因。那不單純是對日常的脫離與遁逃，而是藉由陌異之地帶給我們的刺激，再度讓自身疲於日常的感官得以重新領略「體驗」的意趣。另一方面，即使是日常熟悉的環境，經由「新知」的揭露，往往也能讓人對「舊地」有截然不同的觀點。隨之而來的，便是與過往大不相同的體驗。

這便是《從銀座通到中正路》所意欲達成的。地區若是陌生，那麼它是本好用的指南書；地區若是熟悉，那麼或許更有意思──它會從單純的旅遊書，轉變為令人驚嘆的八卦指南：原來我們常經過的哪棟建築，看起來不起眼至極，卻曾有令人驚嘆的輝煌歷史？！如今的平凡，原來是拜前一世代口中時常聽聞之「劫收」所致？！發現熟悉的地點原來承載了課本上記載的歷史事件時，人所經歷的震撼，可說是絕無僅有的體驗。這也是我為何從四體不勤的書蟲，變成熱衷於策劃與走讀帶路者的核心原因。了解建築背後的故事，恍若揭開了它們現於世人之表象，而得以深究內裡，從而了解現況如何被形塑而成的過程，實在太令人上癮。

在本書中，為了讓讀者有類似的體驗，撰稿人們以一日為概念，精心設計了11縣市共12條走讀路線。除核心的不當黨產外，亦適當搭配周遭古蹟暨美食。此一體例之設定，既希望讀者得以探知不當黨產之被掠奪的歷史過程，但又不願用力太過，以免讀／走來枯燥，頗能令人感受到黨產會諸君希望此議題能更加為大眾所知的苦心。讀者諸君亦不妨繼續深入探索書中提到的各建物，相信會有更多的收穫。若說本書有什麼令人遺憾之處，或許是並未涵蓋全臺灣所有的縣市吧！但我相信，本書並非孤例，未來將會有更多類似的企劃遍地開花，讓此前被視為無趣而不需關注的歷史事實，化為你我周遭活生生的歷史現場。◀

推薦序 FOREWORD

→ 從銀座通到中正路：重返1945之前，老屋與檔案組成的非日常行旅路線

→用走讀，重新認識歷史與真理

青田七六文化長　水瓶子

這幾年帶了不同主題的走讀導覽路線，從最傳統的定點文化資產（古蹟）導覽，延伸到同一個地區的文化資產，透過走讀的方式，理解當代統治者為何要蓋這樣的建築，若以臺北城中為例：我們可以透過建築與都市改正計畫，理解日治時期的社會背景、明治維新之後的日本成為一個帝國，對於一個地方的經營方式，訂定資本主義遊戲規則，開始地方自治、試行民主投票制度等等。

了解不當黨產

但有趣的是我接了「不當黨產處理委員會」的臺北走讀專案，規劃路線的時候意外發現這些位置與都市更新計畫有著深刻的關係。以臺北為例，這些不當黨產所在地的建築，通常都是黃金地段，而且在日治時期大多是官方的公共建築，也有大株式會社的辦公室，甚至是會社社長、董事長的住宅、招待所，十分具有當代特色。戰後國民黨政府接收官方公共建築本來理所當然，然而卻也搶占私人企業住宅，將公產轉為黨產，然後藉著土地開發再將黨產賣出，甚至為了都更的巨大利益，不但將具有文化資產潛力的老屋拆除，賣掉後蓋大樓、豪宅，又再大賺一筆，將這些本來是要給公眾使用的建物從公部門剝了好幾層皮！

古今地圖與路名對照的羅生門

在臺北城中，我喜歡拿1930年代，日治時期最後一次的都市改正計畫地圖跟大家解說，原本日本規劃臺北市是以田園城市為概念，設計了十幾座的公園，透過綠廊道的連結將這些綠地連結成一個系統，讓小鳥可以透過這個系統自由的飛行，並且輔以劃過都市的人工運河，既可以颱風豪雨來襲防洪，又可以降低夏日都市的氣溫。

若把這些不當黨產的地點與黨產轉移的時間標示地圖之後，會發現日治時期臺北城中最熱鬧的榮町，戰後變成了中國省縣的路名，臺灣各地的中山路、中正路成為最熱鬧的地方，當然也是房價地價最昂貴的

地段。回頭再來看這些不當黨產的所在地，極為諷刺的、活生生的侵占歷史就在我們面前，這張1930年代的都市改正圖，成為改朝換代對照下的羅生門。

如今，臺灣各地仍有眾多以中正、正中、中山為名的公園、紀念館等等，何時可以真正的交回給公眾呢？我們還有很多路要走，是否透過社群平臺的拍照打卡、古今對照，讓更多人知道這些建築取得的歷史，原本就應該屬於公眾，到底是不是歷史共業，真理越辯越明。

找回自己的名字

對於各地的放送局，我們是否可以讓更多的社群平臺的領袖（Youtuber等）來使用宣傳，落實將媒體公眾化，多舉辦媒體識讀活動，防止網路謠言等。

以往，我們對於自己土地一無所知，如同動畫《神隱少女》一般，這是每一個公民努力找回自己的「名字」的過程，從早期中正紀念堂改名民主紀念館失敗的案例，或許我們還需要更努力。也許透過網路的虛擬世界，也許透過實體活動，如音樂會、展覽、走讀等，都盡可能利用公眾場域，例如公會堂、廣場、博物館、美術館等地，積極的讓公民參與，成為參與社會運作的一份子。

我有一個簡單的夢，希望將「中山堂」名字改回「公會堂」，將建築回歸興建初衷，成為地方居民、民間組織、政府單位，共同集會、參與藝文、投入教育學習的場所，真正的落實公民精神。

下頁附上1932年的「臺北市區計畫街路並公園圖」，讀者可以找出公會堂的位置，原本往東的規劃是公園、醫學院、中央研究院、學校等公眾用地，而今到底有多少不當黨產呢？◀

推薦序 FOREWORD

→ 從銀座通到中正路：重返 1945 之前，老屋與檔案組成的非日常行旅路線

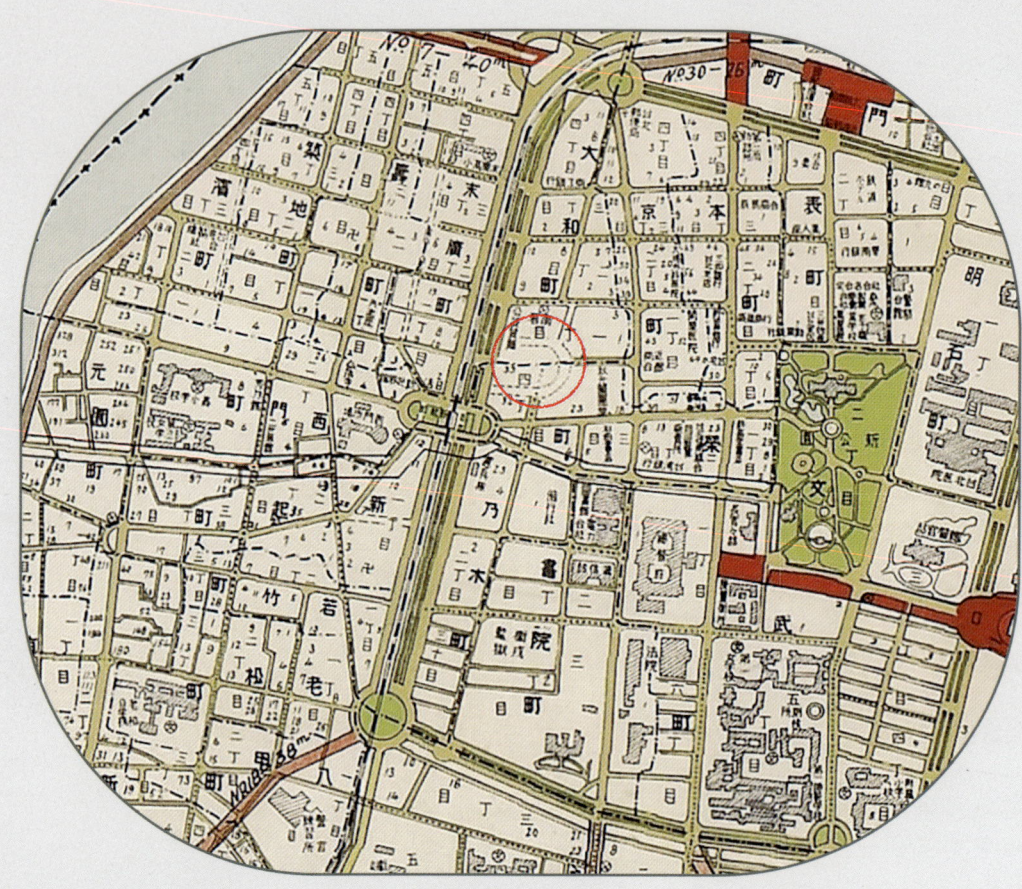

紅框處為臺北公會堂位置。

穿越今昔，轉型正義面對大眾的下一哩路

見域工作室共同創辦人　吳君薇

細讀本書初稿時，正逢臺灣新舊總統交接、立法院發生國會改革爭議，有近十萬人集結於立法院前露宿表達抗議。在這特別的時間點細細品讀《從銀座通到中正路：重返1945之前，老屋與檔案組成的非日常行旅路線》各個章節，一方面對於研究員們消化大量資料，思考能引發閱聽大眾共鳴之處，細膩地轉譯書寫覺得無比敬佩；一方面也感慨萬千，回首過去十年多來，不管是國家層面在轉型正義相關工作的執行，抑或是公民社會的種種發聲與串聯行動，對照當下，在在都證明走過的路沒有白費，然而也遠遠做得不夠。

循著這封邀請函，我們還可以做得更多

行政院促進轉型正義委員會（促轉會）曾盤點出臺灣高達107處之「不義遺址」。這些不義遺址，有些是各地仍車水馬龍的重要設施，如嘉義火車站、高雄火車站；有些則是一般人少有機會一探究竟的拘留機關、刑場甚至是公墓等，如安康接待室、極樂公墓。如今，促轉會已於2022年解散，仍在進行中的則是行政院不當黨產處理委員會（黨產會）對於不當黨產的追討行動與相關社會溝通。比起不義遺址，「不當黨產」的數量更多、樣態與規模更廣，更能看見點與點之間連綴起系統性操作形成的驚人網絡。第二次世界大戰後有大量本該收歸國有的日本人財產，由國民黨各區域黨部撥用，有的成為黨部服務／監控民眾的分支機構，有的則轉租給一般商業組織獲得租金收益。不當黨產的存在，可說是細膩地鑲嵌於常民生活中，然而，過去從來沒有機會被完整地提醒與訴說，長久以來因為恐懼與遺忘所形成的社會記憶空缺有待補白，而這些補白需要你我的現身與現聲。

因此，《從銀座通到中正路》是一封邀請函，提供機會讓我們走進現場，透過身體經驗和感知，想像歷史過程中的暴力和威權。當身在當代的我們能換位思考、能深入感受，才能確保我們以及未來的世代將不再重蹈覆徹。

推薦序 FOREWORD

→ 從銀座通到中正路：重返 1945 之前，老屋與檔案組成的非日常行旅路線

在旅行中，重新思考威權

此本旅行書不僅帶領讀者穿越時空，探索臺灣各城鎮從清領時期以降的風貌，更是一次社會文化與歷史的深度旅程。尤其特別之處在於以黨產建築為核心，結合豐富的插畫和行程表，提供一個全新的城市探索視角。讀者可以感受到臺灣各地獨特的歷史脈絡，體會不同時代建築風格與人文故事交融的精華。

本書由四位黨產會研究員推薦並撰寫，內容涵蓋臺灣 11 座城市。他們不僅是歷史的記錄者，更是故事的發掘者，透過細膩的文字和專業知識，為讀者呈現了一條又一條鮮活的城市走讀路線，讓人彷彿身臨其境。從山城到海港，從古老建築到現代街景，每一座城市故事不僅僅是歷史的紀錄，更是眾多常民生活記憶的縮影。

除了黨產建築，本書還延伸至各地的文史景點和經典美食，豐富整體內容的多樣性。融入大量插畫與行程推薦的巧思，更讓讀者能夠直觀地了解每一個景點，不僅增加了閱讀的趣味性與實用功能，更讓人對實地探訪充滿期待。這樣的安排不僅讓讀者在閱讀中獲得視覺和味覺的雙重享受，也使得整本書充滿生活的氣息和文化的厚度。讀者親臨現場的身體經驗，相信能超越過往教科書上的教條、資訊性的文字，並幫助我們理解當下挑戰與思考未來。

穿越今昔，多元辯證，想像未來

《從銀座通到中正路》以輕鬆的筆觸和高含金量的內容，為讀者提供了一次飽覽城市與文化歲月流變的絕佳機會。透過探索這些不同的建築和景點，讀者可以穿越清領、日治、民國等各個時期，感受到歷史的脈動。每一篇短文故事不僅僅是過去的紀錄，更是對當代社會的影響和啟示，讓人對歷史有更深的理解和思考。

雖然我長期蹲點於新竹，但我尤其喜歡本書基隆篇的切入方法。

基隆篇的素材視角包含了經濟、信仰、社會、統治機構等領域，視角遼闊；同時，這些建築對於當代存有的影響提醒相當直覺，是展示論述與溝通的極佳示範。透過這些多元的視角，讀者可以更全面地了解一個城市的過去和現在。

這本書是不當黨產處理委員會用新一代的方式解讀與回應，過去黨國體制下進行經濟掠奪、社會操控的歷史。期許透過這本書的出版，以紙上策展的方式回應這些議題對於當代社會產生的影響。這種解讀和回應，不僅是對歷史的尊重，也是對現代社會轉型正義工作的負責任的態度。

欣見這一世代的研究者有能力、有勇氣去回溯歷史、批判歷史，並且熟稔於歷史因素與當代境況的關聯與對話，從而能夠靈活地穿梭於各式史料之間，端出這本輕鬆而不輕浮的地方走讀書籍。這本書的出版開啟了轉型正義面對大眾的多元路徑，在不遠的將來，除了鼓勵大家循著書籍按圖索驥認識土地，更期待讀者們能夠起身行動，去探索自己生活周邊那些隱匿的故事，揭露過往不被聽見的聲音，發現更多的歷史寶藏和文化遺產。

我想這不僅僅是一本書，更是一種生活態度和精神。我們希望讀者在閱讀這本書後，能夠感受到那種對歷史的尊重和對現代的責任感。讓我們一起在這段飽含歷史與文化的旅程中，漸漸扭轉臺灣社會長久以來習於遺忘的過往，感受土地的種種美好與驚奇；也讓我們相信，不論是處於社會哪個位置或部門，島嶼上的每一個人都有能力燃起一盞盞知識之光照亮曾經黑暗的記憶。◀

→ 從銀座通到中正路：重返 1945 之前，老屋與檔案組成的非日常行旅路線

用步伐丈量那一座
給未來太平盛世的森林

人類學家格雷戈里‧貝特森（Gregory Bateson）曾經講過一則軼事，當牛津大學新學院禮堂的橡木橫梁遭受蟲害時，學院無法找到同樣大的橡樹來替換。直到找上學院的林管員，才知道早在新學院興建時，林管員們就已經接下指令，為替換橫梁而栽種一片橡樹林。五百年來，林管員們一代又一代地謹守誡命：不可以砍這些為了禮堂準備的橡木。

這則軼事多少帶有傳奇色彩，但其中蘊含的訊息仍使得我們不禁讚嘆，是怎麼樣的眼光與洞察，才能將目光放眼到如此久遠的未來？也讓身處於這個世代的我們忍不住問自己——我們要為下一代栽種怎樣的森林？

二次大戰結束後，國民政府接收臺灣島上的大量日產。隨著國共內戰爆發，臺灣經歷近半世紀的威權統治，不僅人民深受其害，大量的日產也進入單一政黨的口袋。本書以「轉帳清冊」以及收歸於黨營文化事業的日產為核心，規劃親臨「歷史現場」的走讀旅行，搭配周邊的文化景點與特色美食，串起 12 條路線。

「轉帳清冊」指的是國民黨在訓政時期要求政府將一批日產「轉帳」給國民黨，該房產坐落於基隆、臺北、新北、新竹、臺中、嘉義、臺南、高雄、屏東、花蓮及澎湖等地。礙於資料限制，本書所設計的路線未能放入桃園、南投及彰化的日產。

- 12 -

這些日產房屋大多因爲易主而遭到侵占、拆除，重新砌起高樓，我們普遍知道的結局都是這般相似，掩蓋那些多樣而豐富的過往曾經。隨著調查展開，我們發現檔案和文獻中，也有著類似於牛津大學新學堂的人情故事。我們期待透過書寫、實地踏查，在時代巨輪的輾壓下，爲那些已經成爲空地或水泥叢林的場所，找到承載歷史的梁木。

透過走讀，我們能夠從檔案和文獻中走入現實。當我們用步伐丈量這片土地，我們的身體也透過土地接壤了過往，我們也能夠在腦中建構出，這片土地上的人們當時是如何生活的。同時也因爲走出檔案，才眞切感受到失去與空白如此巨大。無論是在車流間仰望大樓，或隔著欄杆眺望一片空地，只有親臨現場，才能體驗到空白的龐大與失語，那是逝去的另一種型態，超越了照片和文字，是空間獨有的力量。

回到開頭格雷戈里·貝特森所講述的橡樹林故事，以及我們可以留給下一代怎麼樣的一座森林。挖掘這些在或不在的建物，以及其中的人情故事，正是企劃團隊栽下的樹苗。希望讀者能從這些文獻和照片出發，走出文獻以外，透過自己的腳步尋找過去的痕跡，體驗風光、品嘗此刻的臺灣，創造這一個世代的回憶，透過記憶與傳唱，每一個活在此刻的個體，都能成爲下一代栽植的森林。◂

導言 PREFACE

→ 從銀座通到中正路：重返 1945 之前，老屋與檔案組成的非日常行旅路線

走讀前，先了解黨產冷知識

轉帳日產

國民黨究竟是如何透過轉帳取得日產？轉帳是什麼？為什麼需要轉帳呢？

按照機關標售民間日產的規定，有意取得日產使用權的單位，需要支付費用給臺灣省日產處理委員會。轉帳指的是機關或學校以預算向日產處理機關購買日產，並直接由國庫進行帳目沖銷。

國民黨於訓政時期根據國防最高委員會第 227 次常務會議的決議，要求政府將一批日產轉帳給國民黨，經費來自於民國 35 年度國家預算中的中央黨部所屬單位事業費，來沖銷日產處理委員會的「接收敵偽財產及物資售價收入」；換句話說，國民黨是以國家經費取得日產房屋使用權。

按理說，1947 年行憲後黨國分離，國民黨應該將房屋還於國家，可是國民黨不僅沒有如此做，反而擴大對「轉帳」的解釋，進一步取得日產房屋產權。更在 1950 年代中後期，把這些房屋坐落的土地登記於其名下。

國民黨握有的轉帳日產多在 1960 年代被變賣，成為黨部的建設基金。這些財產，由不當黨產處理委員會認定為「不當黨產」，向國民黨追徵約 8.6 億元，已於 2024 年判決確定。

本書「歷史現場」可對應的轉帳日產，按縣市排列分別爲：
基隆：金山吳服店、金光教基隆教會所
臺北：梅屋敷、警察會館、萬屋旅館
新竹：白水旅館、銀座咖啡店
臺中：千代乃家旅館、春田館
嘉義：日向屋
臺南：福井治雄商店臺南支店、四春園旅館
高雄：壽旅館
花蓮：大江商店
澎湖：丸八旅館、上瀧組營業處、大阪商船株式會社澎湖代理店

→ 從銀座通到中正路：重返 1945 之前，老屋與檔案組成的非日常行旅路線

黨營文化事業

部分日人的文化產業落入國民黨手中，則作為黨營文化事業使用。

1950 年代國民黨黨營事業的重心是文化傳播事業，如臺灣電影事業公司（以下稱臺影）、農業教育電影公司（以下稱農教）、中國廣播公司（以下稱中廣）、中央日報、中華日報、正中書局等，宣揚國民黨當時推崇之意識型態。

電影事業

日產戲院部分，根據 1945 年國民政府行政院頒布的「收復區敵偽產業處理辦法」第四條第三項規定，「產業原為日僑所有者，或已歸日偽出資收購者，其產權均歸中央政府所有（下略）」。因此，日產戲院原本應該列入臺灣省行政長官公署接收日產之範圍，屬於國有財產。

然而，國民黨於 1945 年第六次全國代表大會第 16 次會議通過，將電影事業列為黨營事業範圍。1946 年臺灣省黨部主任委員李翼中發公文給中央黨部，請中央黨部轉陳行政院，要求行政院將臺灣省所有接收之日人公私電影院撥歸國民黨經營。上述公文寫到：「……電影戲院足為發揚文化宣傳主義之工具，著意經營並可為將來本黨黨費自給之基礎……」。

後經國民黨與行政院、臺灣省行政長官公署多方公文往返，宣傳委員會於 1947 年將其接收的日資戲院移交由國民黨臺灣省黨部接管，並由臺灣省黨部成立臺影（後於 1954 年和農教合併為中影）經營。

按監察院 2001 年的調查報告，國民黨應僅有上述戲院的經營權，而無所有權。但當時的行政院及相關政府機關未能釐清，而使得戲院陸續有些賣出予他人，有些仍登記為中影公司名下。

列舉於本書「歷史現場」的日產戲院包括：臺中座、嘉義座、臺南的世界館與宮古座、高雄的金鵄館及壽星座、屏東末廣館以及花蓮的稻住館。

廣播電臺和報社

戲院以外,另一類為黨營文化事業為廣播電臺和報社。

1945 年起,國民黨中央廣播事業管理處代表國家接收臺灣放送協會各地放送局(廣播電臺)。1950 年,中央廣播事業管理處臺灣廣播電臺以訓政時期國防最高委員會第 225、227 次常務會議的決議內容,要求政府發給產權證明書。

中廣改制為黨營企業,以及 1947 年行憲之後黨國分離,依法不應該繼續使用國有財產。然而中廣非但沒有歸還日產電臺房屋和附屬設備,還要求政府發給產權證明,把國產移轉為黨營企業所有。

出現在本書「歷史現場」的廣播電臺和報社包含:如臺北放送局、板橋放送所、臺南放送局、花蓮港放送局;以及臺南的臺灣日報社。

此外,中廣利用接管的臺灣臺、臺南臺、臺中臺、嘉義臺及花蓮臺等五處廣播電臺從事廣播業務,其經費由國家總預算支出,由政府按月補助經費,負起國家宣傳任務以外;甚至利用廣播電臺,配合國民黨政策為黨服務。在文字宣傳方面,取得臺南臺灣日報社坐落土地所有權的「中華日報社」,也是曾經接受中央政府提供補助及委辦事項的國民黨黨營企業。

PART 1
洄游歷史線索

·

基隆・臺北・新北

金山吳服店

警察會館

介壽堂

找尋海港記憶拼圖

基隆
KEELUNG

文／林育正

十九世紀後期，基隆因著清政府鴉片戰爭影響，與中英法等國簽訂天津條約與北京條約，開放成為通商口岸而逐漸蓬勃。到了日治時期，基隆更成為軍事要塞及重點城市，並在 1980 年代躍升世界第七大貨櫃港。也因此基隆市街，林立著多元風格建築和傳統屋舍，聚集豐富街頭小吃及人文風情，當然其中也隱藏著許多失落的歷史篇章，值得前往走讀踏查。

MAP → 從銀座通到中正路：重返 1945 之前，老屋與檔案組成的非日常行旅路線

基隆
KEELUNG

一日時空散步路線 ↓

10:00 早餐
昇美早餐店孝三店、三角窗麵攤

11:00
海港大樓

12:00
林開郡洋樓

13:00 午餐
天天鮮排骨飯、阿山哥雙胞胎

14:00
基隆市文化局圖書館

14:30
金山吳服店（現新光菸酒專賣店）

15:00
自立書店

15:30
金光教基隆教會所
（現國民黨基隆市黨部）

16:00
基隆郵局

17:00 晚餐
正老牌咖哩麵

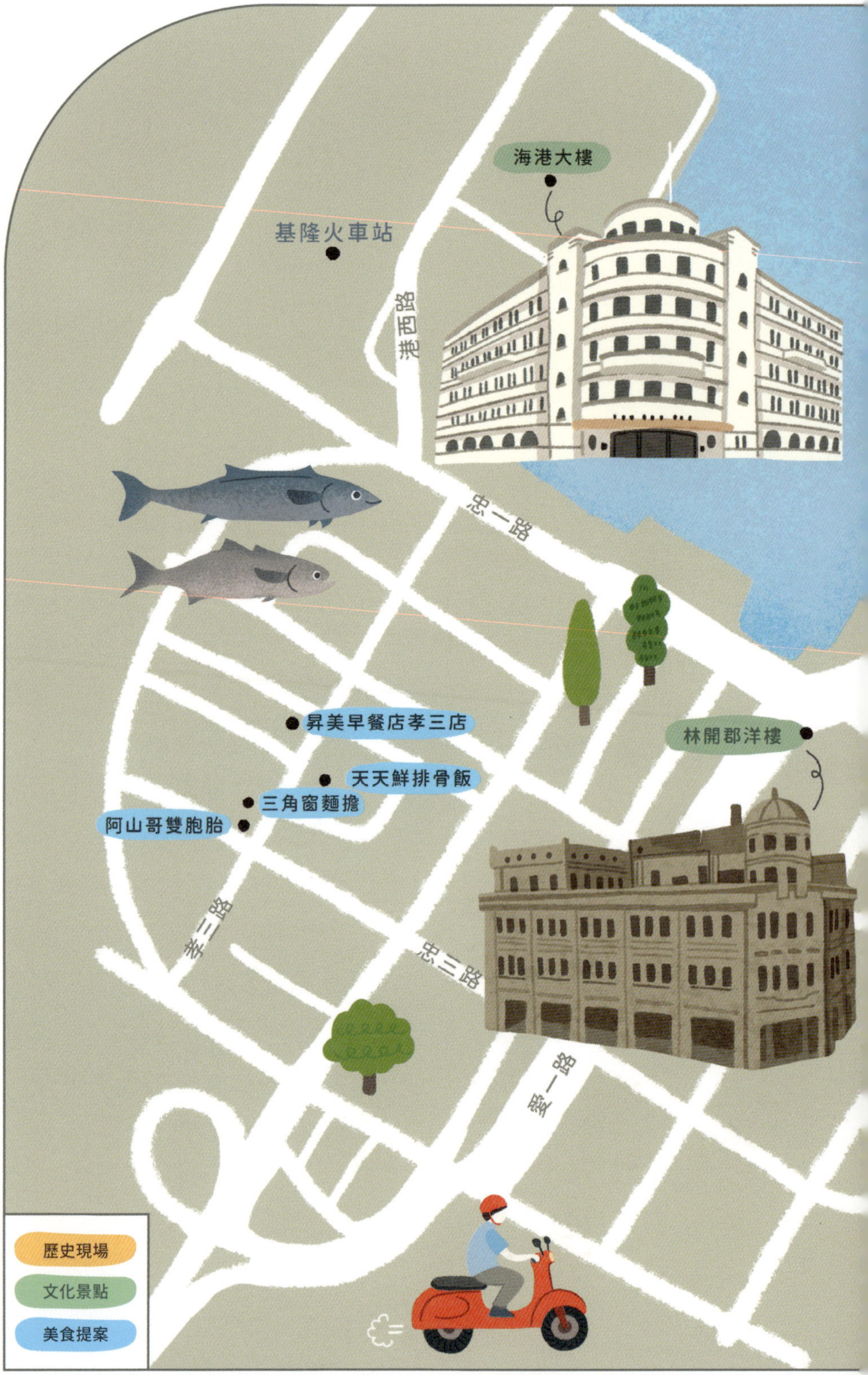

地圖標示：
- 海港大樓
- 基隆火車站
- 港西路
- 忠一路
- 昇美早餐店孝三店
- 天天鮮排骨飯
- 三角窗麵擔
- 阿山哥雙胞胎
- 林開郡洋樓
- 孝三路
- 忠二路

圖例：
- 歷史現場
- 文化景點
- 美食提案

- 22 -

歷史現場 基隆 KEELUNG

→ 從銀座通到中正路：重返 1945 之前，老屋與檔案組成的非日常行旅路線

基隆銀座一級戰區
金山吳服店
現新光菸酒專賣店

📍 基隆市中正區信四路 1 號

基隆義二路老街在日治時期為義重町，因為鄰近港口，順勢成為當時基隆的政治經濟中心，加上地利之便，西服、和服、鐘錶等高級舶來品店林立，可謂是基隆最繁華的商業街道，因此義重町又有「基隆銀座」之稱，其中「金山吳服店」* 便座落於此。

日治義重町上的金山吳服店。

當時基隆銀座街上最具代表性的吳服店其實是岸田吳服店及金越吳服店 ，而 1911 年開設的金山吳服店，專賣布料與和服雜貨，規模雖比較小，卻也在繁華的義重町闖出一席之地。店主山本政七，更曾經擔任基隆吳服商組合（公會）的組合長，在當地商界頗為知名。金山吳服店雖於二戰美軍大空襲中逃過一劫，但 1946 年戰爭結束後，卻被三民主義青年團（即國民黨領導的青年組織）徵用，作為基隆分團的辦公室。1955 年被轉帳為國民黨所有，更於 1959 年至 1960 年間售出給民眾，成為菸酒專賣店，而當時日治磚造建築也早隨時代更迭消逝。

現址已經成為菸酒專賣店。

* 吳服，傳統日本服飾的總稱，吳，是中國江南的古語。

- 24 -

基隆第一間幼稚園開在這裡
金光教基隆教會所
現國民黨基隆市黨部

● 基隆市信義區義四路 10 號

行過愛六路的吉羊橋往北、義四路右側，一幢配有中庭的黃色馬賽克磚鋪面建築隨即映入眼簾。建築外圍有一道女兒牆廊道環繞，形似學校卻並非學校，這裡是昔日的「金光教基隆教會所」，如今的國民黨基隆市黨部。

1908 年日本神道教在基隆設立金光教會所，金光教為日本神道的一支，有別於國家神道象徵的皇權、神社，金光教是徹徹底底的民間信仰。而基隆的第一間幼稚園，是由金光教徒羽田平次郎所開設，1915 年設於金光教會所內，早期專收日人，後來也招收臺人。❷ 二戰後，原為日產的金光教基隆教會所卻落入國民黨手中，成為國民黨基隆市委員會。

國民黨先以轉帳的名義取得此處土地，1967 年在基隆市政府金援下，以「民眾團體活動中心」的名義興建房舍，成為今日面貌。然而，一年後國民黨卻將建物一樓出租開設餐廳，受到外界非議；1971 年，國民黨因反彈聲浪不斷，決定收回房舍，卻連最基本的維護經費也無法支付，還得透過從政同志幫忙，希望由基隆市政府編列經費補助，以維護日常開支。❸ 直至 2000 年政黨輪替，開始投入處理黨產問題，國民黨才在四年後拋棄土地，並轉而以既成事實的理由，向政府租用土地迄今。

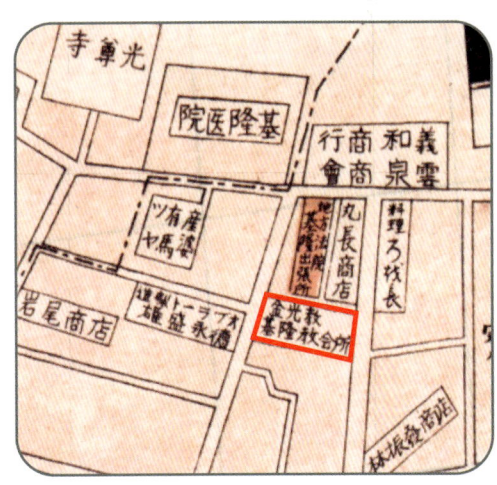
從「基隆市日本職業別明細圖 (1929)」可看見金光教基隆教會所當時所在位置。

過去以不當手段取得的資產，如今仍被國民黨持續租用。

→ PART1 洄游歷史線索

- 25 -

文化景點

→ 從銀座通到中正路：重返 1945 之前，老屋與檔案組成的非日常行旅路線

基隆
KEELUNG

海港大樓

📍 基隆市仁愛區港西街 6 號

1934 年完工的海港大樓舊稱「基隆港合同廳舍」，興建初衷為將散落基隆港各處的港務機構集中，加強港務運作，包括基隆稅關、臺北州港務部，以及基隆郵便局、臺灣總督府植物檢查所、臺灣總督府米穀檢查所等單位，功能相當強大。

大樓外觀潔白，轉角處呈圓弧形，並以開窗形式取代陽臺設計，呈現遠航船隻的意象，與日本郵船株式會社基隆出張所（現陽明海洋文化藝術館）、大阪商船株式會社基隆支社（戰火毀損）比鄰，對基隆港運繁盛有指標性意義，2003 年成為市定歷史建築。

林開郡洋樓

📍 基隆市仁愛區愛一路 45 號

愛一路上，一棟華美氣派的老洋樓是民間盛傳的基隆鬼屋，實際上它是日治時期的煤礦巨商林開郡取得三峽煤礦開採權致富後，衣錦還鄉所留下的資產。建築座落於當時的海景第一排，離火車站近，卻因產權複雜，後代對建物該如何使用沒有共識，在長期閒置和建築自然老舊之下，漸漸有了基隆鬼屋稱號。儘管洋樓曾作為酒吧經營、入選過文建會評選基隆十景之一，也在 2022 年的基隆城市博覽會短暫開放後，又歸於平淡，走過百年，期待有再次輝煌的一天。

基隆市文化局
圖書館

📍 基隆市中正區信一路 181 號

前身爲「石坂文庫」，是日治時期的一家私人圖書館。早在日治初期，臺灣就有第一家公共圖書館「臺灣文庫」，但當時想走進閱讀卻是要收月租費的。1909 年，曾任學校教師的石坂莊作發現臺灣圖書資源貧乏，於是成立了「石坂文庫」讓民衆免費借閱。石坂文庫藏書將近有兩萬本，不只有書報閱覽室，還提供移地出借的服務，只要機關學校提出申請並支付運費，藏書就可以四處旅行爲讀者服務。曾巡迴到交通相對不便的花東地區，甚至造訪到中國廈門與日本沖繩。

自立書店

📍 基隆市中正區義二路 46 號

日本第一百任首相——岸田文雄和基隆有特別的緣分。其曾祖父岸田幾太郎 28 歲（1895 年）時移居至基隆經商，在義重町（現義一路到義二路一帶）經營和服及木材買賣事業，和兄弟一同創立「岸田吳服店」與「岸田喫茶部」，老建築至今仍佇立在基隆街頭。戰後國民政府來臺，岸田喫茶部轉爲「小上海酒館」營業，是基隆礦業發達時的高級社交場所。1951 年結束營業後，由陳上惠先生購得並成立「自立書店」，讓這座歷史悠久的建築物，成爲臺灣最早的繁體中文書店。

→ PART 1 洄游歷史線索

文化景點

基隆 KEELUNG

→ 從銀座通到中正路：重返 1945 之前，老屋與檔案組成的非日常行旅路線

美食提案

基隆郵局

📍 基隆市仁愛區愛三路 130 號
🕐 08:30 -19:00（週一至週五）
　　09:00 -12:00（週六，週日公休）

基隆港是臺灣最北端的港口，日治時期與日本本島往來都得仰賴船運，也因此，「基隆郵便局」* 成為島上最大的郵局，當時職員看到運送郵件的船隻即將進港，便會前往港邊，準備投入郵務作業。基隆郵便局有著仿巴洛克風格的外觀，一座大圓頂和高聳石柱，是當時基隆的重要地標，1970 年代改建為今日所見的郵局樣貌，並與中華電信共同使用。日治建築雖已不復在，但許多畫家都曾描繪基隆郵便局，讓時代美景永存作品中。

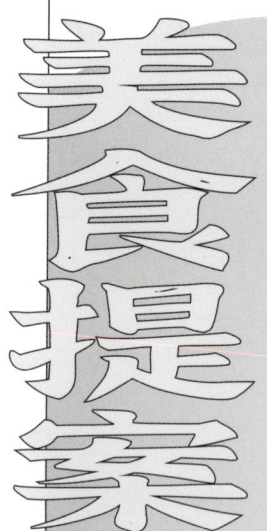

* 郵便局為日治時期郵局稱呼。

美食提案

昇美早餐屋孝三店

基隆因過去美軍駐紮與美援麵粉的背景產生了「營養三明治」，「炭烤三明治」則是另一樣傳統，吐司在炭火烘烤下呈現金黃色焦香，與厚蛋燒、獨家美乃滋搭配，讓內餡滋味都豐富起來。

📍 基隆市仁愛區孝三路 67 號
🕐 05:00 -12:00

三角窗麵擔

簡單的麵攤有著不凡魔力，三角窗麵擔六十年來只賣餛飩和麵，最多加個蛋包，卻能用肥瘦肉勻稱的薄皮餛飩和古早味乾麵擄獲人心，是在地人稱讚的好滋味。

📍 基隆市仁愛區忠三路 52 號
🕐 06:00 – 15:00（週日至週一公休）

天天鮮排骨飯

屹立基隆街頭四十年，僅賣炸排骨、雞腿、蝦仁、魚排口味便當；在菜飯裡擺上炸荷包蛋，搭配甜辣的基隆在地馬露醬，就是臺灣天丼的完美呈現。

📍 基隆市仁愛孝三路 42 巷 4 號
f 天天鮮排骨飯
🕐 11:00 –19:00

阿山哥雙胞胎

口感軟中帶Q的雙胞胎，除了麵香還帶著芝麻香氣，麵團與油脂在高溫下激撞出誘人滋味，忍不住一口接一口。建議與親友共享，減輕高熱量罪惡感。

📍 基隆市仁愛區忠三路 52 號
🕐 08:00 -18:00

正老牌咖哩麵

咖哩起源於印度，流傳到英國後再以洋食之姿輾轉回到東亞。日本人將咖哩帶來基隆，潮汕移民則把咖哩與故鄉的沙茶融合，將烏龍麵與在地食材，如豬肝、蝦仁、吉古拉等，激撞出粗獷風味，廣受勞動族群喜愛。

📍 基隆市中正區義二路 2 巷 7 號
f 正老牌咖哩麵
🕐 11:00 –20:00（週四公休）

→ PART1 洞游歷史線索

臺北
TAIPEI

走進島都時代風華

文／張瑋珊

大稻埕、西門町和北門一帶延伸至衡陽路、重慶南路、博愛路周邊是臺北市著名的舊城區。日治時期此處成為政經要地，總督府、火車站，臺北放送局、赤十字社、公會堂等地標林立，更帶動高級料亭、百貨、博物館的誕生，成為人們口中的「臺北銀座（榮町）」。隨著政權的更迭起伏，這裡也經歷過二二八事件的殘酷，如今又隨著文資保存意識的興起，重現百年時代風景。

MAP → 從銀座通到中正路：重返 1945 之前，老屋與檔案組成的非日常行旅路線

臺北 TAIPEI

一日時空
散步路線
↓

08:30 早餐
嶼木

09:10
梅屋敷（現國父史蹟紀念館）

09:50
警察會館（現屈臣氏）

10:00
萬屋旅館（現合作金庫館前分行）

10:20
國立臺灣博物館

10:50
臺北放送局
（現臺北二二八紀念館）

11:10
赤十字社臺灣支部
（現長榮海事博物館）

11:50 點心
公園號酸梅湯

12:15
大倉本店（現正中大樓）

12:30 午餐
龍記搶鍋麵、趙記菜肉餛飩大王

14:00
臺北市中山堂

14:40 點心
上上咖啡

15:30
撫臺街洋樓

16:30
臺北北門郵局

17:00 晚餐
鄭記豬腳飯

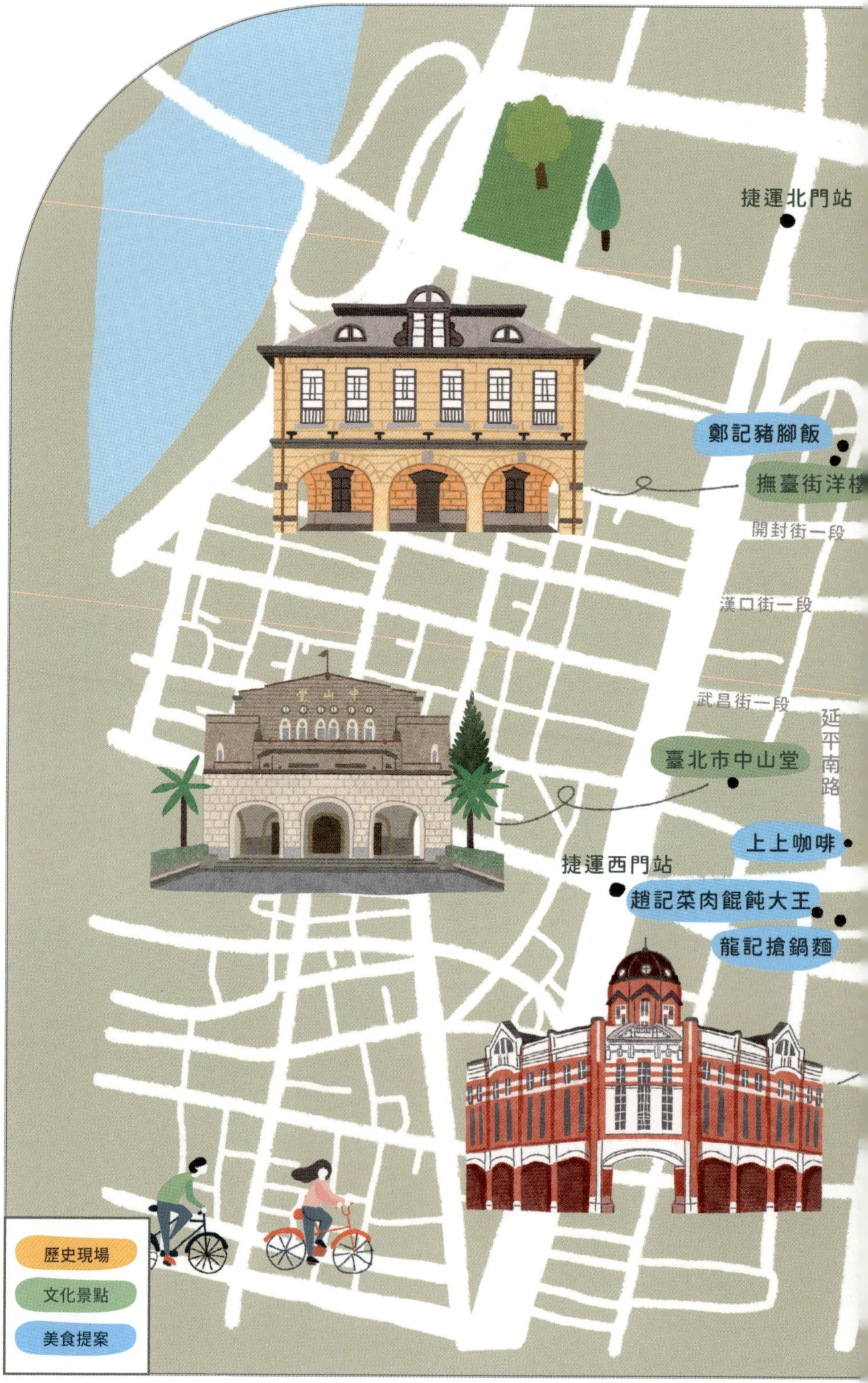

捷運北門站

鄭記豬腳飯
撫臺街洋樓
開封街一段
漢口街一段
武昌街一段
臺北市中山堂
延平南路
上上咖啡
捷運西門站
趙記菜肉餛飩大王
龍記搶鍋麵

歷史現場
文化景點
美食提案

- 32 -

歷史現場

臺北 TAIPEI

→ 從銀座通到中正路：重返 1945 之前，老屋與檔案組成的非日常行旅路線

美味料亭變黨員遊藝室
梅屋敷
現國父史蹟紀念館

📍 臺北市中正區中山北路一段 46 號
🕗 08:00-17:00

座落在中山北路與市民大道路口，一座雅緻的日式木造建築與中國傳統庭園，在車水馬龍的都會裡更顯獨樹一幟，這裡是昔日知名高級料亭「梅屋敷」。店主人藤井奈美（藤井なみ）是一位非凡女性，事蹟曾載入《南國之人士》和《臺灣人物誌》，她的貼心接待和美味料理都受到客人喜愛，孜孜不倦經營事業，在商界頗有名氣，是日治時期的女力代表。

由於梅屋敷緊鄰臺北驛，加上環境優美、料理美味，政商聚會和社團定期活動等都時常在此舉辦。❶ 開業滿二十年時，甚至邀請東京和大阪的相撲力士來臺比賽，風靡臺北。而最讓人樂道的是，孫中山當年為革命募款遊走各地，也曾來到臺灣尋求總督兒玉源太郎協助，並在梅屋敷留下「博愛」、「同仁」兩幅字畫。

戰後，國民政府接收在臺日產。由於孫中山曾到訪梅屋敷，國民黨因此申請「轉帳」，同時點交一切用品以紀念國父史蹟，並冠以「新生活賓館」之名，部分空間作為「黨員遊

梅屋敷店主藤井奈美（藤井なみ），無論是料理品質和經營手腕都受到客人肯定。

- 34 -

右上照片為梅屋敷包廂，包廂內部廣闊，左下照片之玄關裝飾物相當氣派。

2007年登錄為歷史建築的國父史蹟紀念館。

藝室」使用。然根據規定，轉帳是「使用權」的移轉，所有權仍為省有，但國民黨依舊將本應歸屬於政府的房屋和土地納為私有，甚至1995年臺北市政府因都市規劃所需，向國民黨徵收此地，國民黨還獲得徵收補償金6.5億。此外，該處1983年為配合臺北市鐵路地下化工程，從原址拆除並向東北方遷移約五十尺，而失去古蹟資格，於2007年登錄為歷史建築。

→ 從銀座通到中正路：重返 1945 之前，老屋與檔案組成的非日常行旅路線

警察大人出差最愛
警察會館
現屈臣氏

📍 臺北市中正區南陽街 15 號

警察會館外觀為乳褐色三層樓建築，以洗石子腰帶作為裝飾，氣宇不凡。

素有「補習街」之稱的南陽街，充滿年輕學子的青春朝氣，而不遠處與信陽街交會的十字路口，屈臣氏藥妝店翠綠色招牌若隱若現，此處曾是日治時期知名的「警察會館」。

警察會館由臺灣總督府營繕課的井手薰等人設計建造。1930 年落成，由臺灣警察協會經營，主要提供會員住宿、休閒、講習使用。

- 36 -

1939年出版的《始政四十周年記念臺灣博覽會協贊會誌》中，全島林學大會於警察會館大講堂舉辦。

警察會館現為連鎖藥妝店屈臣氏。

據《臺灣警察協會雜誌》描述，會館外觀為乳褐色三層樓建築，包括接待室、娛樂室、餐廳、大小禮堂、圖書室等，是許多單位舉辦活動的首選，如全島林學大會、衛生部講習會、日本礦業大會皆在此舉辦。

建造會館期間，警察協會曾在《臺灣警察時報》上舉辦命名活動。彼時不像現代能網路參與，讀者必須郵寄明信片方能投票，但這場命名活動仍反應熱烈，湧入 1,500 多張明信片集思廣益，取名包括赤心社、警愛社、警愛館等；第二輪再請讀者以明信片投票評選決賽，並公布得獎名單及發放獎牌獎金。過程充滿趣味，也替會館打響聲勢。

戰後，警察會館經轉帳由國民黨臺灣省黨部使用，1957 年省黨部搬遷，改用臺中公會堂辦公，原警察會館則移交臺北市黨部；❷ 1960 年將其改建為現今四層樓建物並出售。如今，警察會館的身影已不復存在，只能從歷史文獻中窺知其蹤。

歷史現場 → 從銀座通到中正路：重返 1945 之前，老屋與檔案組成的非日常行旅路線

臺北 TAIPEI

旅館成為黨部宿舍
萬屋旅館
現合作金庫館前分行

📍 臺北市中正區館前路 77 號

館前路上「合作金庫館前分行」大樓，每日辦理金融業務的人潮往來不斷，日治時期時，這裡同樣熙來攘往，因為臺北的老字號旅館「萬屋旅館」便佇立於此。

外觀樸素的萬屋旅館是日治時期的老字號旅館。

1900 年前後，日本致力經營日臺航線，而臺灣環島航線也陸續增加，促進貿易和旅遊興起，大小旅館應運而生。1902 年，由 19 家旅館組成的「臺北旅人宿組合」（同業公會）裡，萬屋旅館便名列其中，是臺灣較早開設的旅館之一。❸ 根據《新臺灣（御大典奉祝號）》描述，萬屋旅館是一間老字號旅館，外觀古樸，非常適合商人出差洽公時投宿。而館主太田傳吉性格豪爽，富有男子氣概，處事從容不迫，具備館主風範。

戰後國民黨將建物售予合作金庫，萬屋旅館成為如今面貌。

戰後，萬屋旅館境遇與前面提及的警察會館相同，也成為國民黨經轉帳取得的日產。警察會館成為國民黨省黨部辦公室，位於附近的萬屋旅館就順理成章被當作省黨部職員宿舍使用。1959 年，國民黨將這處建物售予合作金庫，就是今日所見的合作金庫館前分行，也為日治時期故事畫下句點。

作伙去新公園聽放送
臺北放送局
現臺北二二八紀念館

📍 臺北市中正區凱達格蘭大道 3 號

→ PART 1 洞游歷史線索

日治時期的臺北放送局有著西班牙屋瓦和中式馬頭牆，建築極具特色。

二二八和平紀念公園原名為臺北公園，許多長輩習慣稱其為新公園＊。公園最早規劃於 1899 年的市區改正計畫，不只鄰近臺北驛、總督府，還有當時最新潮的設施，如音樂堂、博物館、運動場，以及 1930 年建造完成的「臺北放送局」。4

臺北放送局由臺灣總督府技師栗山俊一設計監督，包含板橋放送所、臺北郵便局都是出自他手。臺北放送局設計簡潔，鵝黃色外觀和橘紅色的方形造屋頂，結合西班牙屋瓦和中式馬頭牆，充滿趣味細節。5

＊ 新公園的「新」，是相對於日治時期的圓山「舊」公園而來。

歷史現場

臺北 TAIPEI

→ 從銀座通到中正路：重返 1945 之前，老屋與檔案組成的非日常行旅路線

臺北放送局不但是日治時期廣播發展的開端，更是識字率不高且收音機尚不普及的時代下，消息傳播的重要場所。在公園另一端的日式石燈籠造型的放送亭，成為彼時熱門消息集散地，日本天皇宣布終戰的「玉音放送」，至戰後二二八事件發生時，民眾激昂占領放送局傳播消息等，都在此處發生，足見臺北放送局及放送亭的歷史地位。

戰後，臺北放送局由國民黨中央廣播事業管理處（後改組為中廣）接收，1949 年中廣遷臺後，總公司在仁愛路三段辦公，臺北放送局則作為播音單位辦公處，擔任替政府推廣愛國宣導及國語教育的角色。❻ 直至 1973 年，原在新公園播音的中廣各單位，遷回仁愛路總公司，將臺北放送局歸還臺北市政府。❼ 市政府於 1996 年成立二二八紀念館，辦理展覽、走讀等多元活動，歡迎民眾前來感受歲月故事。

現為二二八紀念館的臺北放送所，是臺灣廣播發展重要開端。

石燈籠造型的放送亭至今仍保留下來。

凱歌歸與國民黨中央黨部
赤十字社臺灣支部
現長榮海事博物館

臺北市中正區中山南路 11 號 5 樓

景福門是清代城門，因位處東方，被日本人視爲具「日照之本」意涵，因此 1900 年規劃興建總督府（今總統府）時，特意選址正對東門，朝東表示遙望「日出之國」的日本，以示崇敬。8 而與總督府遙遙對望的「赤十字社臺灣支部」，選址也不是巧合，由於日本赤十字社名譽會長由皇后擔任，和代表日本天皇的總督府遙相呼應，寓意深刻。9

日治時期的赤十字社（紅十字會）臺灣支部，建築十分雅緻。

1975 年改建前的國民黨中央黨部，隱約可見赤十字社的建築輪廓。

歷史現場

→ 從銀座通到中正路：重返 1945 之前，老屋與檔案組成的非日常行旅路線

臺北 TAIPEI

赤十字社原址現為長榮海事博物館。

二戰後，國民政府於 1945 至 1946 年間，陸續將赤十字社臺灣支部原地上建物與土地登記為國有，身分由日產轉變為國產。該址先由臺灣省行政長官公署接收開設名為「凱歌歸」的川菜餐廳，政商雲集盛極一時。1949 年移由東南軍政長官公署充作招待所，同年底由國民黨中央黨部使用 ⑩，直至 1967 年該黨為改建辦公廳舍，才向財政部申請訂定借用契約與修改同意書，當時財政部特別向國民黨強調，若日後不使用應無償歸還。

雖然借用期僅至 1969 年，但國民黨仍繼續使用此處，直到 1980 年代才向政府承租，1990 年，國民黨以三億餘元向財政部申請購買 ⑪；四年後國民黨以風水欠佳等理由，將建築拆除重建，儘管引起藝文界強烈撻伐，最終仍無法阻擋暗夜拆除的命運。 ⑫ 直至 2006 年，國民黨將此地以 23 億元價格售予張榮發基金會，基金會於該址成立「長榮海事博物館」，以保存、傳播船舶的歷史為宗旨，訴說海洋故事，也映照出土地曲折的命運。

昔日臺北名所
大倉本店
現正中大樓

📍 臺北市中正區衡陽路 20 號

日治時期的衡陽路名為榮町通，重慶南路則為本町通。當時榮町號稱「臺北銀座」，是當時最繁榮的所在，百貨公司、餐廳、糖果店無奇不有；本町則是僅次榮町的熱鬧區域，林立各式商社、店舖、銀行和旅館。

「大倉本店」作為百貨名店，身處榮町和本町街角的黃金交叉口，實力不容小覷，販賣品項琳瑯滿目，都是東京同步流行的雜貨和衣帽足履，深受顧客歡迎。 13 當時畫家鄉原古統所繪製的《臺北名所繪畫繪十二景》，便將榮町通選為臺北名所之一，而大倉本店正是畫作主角。

藝術家鄉原古統於 1920 年代所繪的《臺北名所繪畫十二景》榮町通作品，能看見大倉本店駐立於畫面中央，足見其建築代表意義。使用材質膠彩、紙，21.7 × 18.7 cm (×12)，作品由臺北市立美術館典藏。

日治時期榮町通的明信片，左邊為大倉本店（現正中大樓），右邊是辻利茶舖（現星巴克重慶門市）。

→ PART1 洄游歷史線索

- 43 -

歷史現場 臺北 TAIPEI

→ 從銀座通到中正路：重返1945之前，老屋與檔案組成的非日常行旅路線

其建築擁有與總督府相映的紅磚白飾帶，歐風建築設有八角形塔樓，穹頂各面都鑲有圓形牛眼窗，別緻又華麗。

然而，大倉本店的命運戰後驟變。由於該處地理位置優越遭到徵用，有別於前幾處被轉帳作為黨部辦公處或宿舍，此次則是用作「正中書局」門市營業及辦公之用途。

不過，國民黨為何願意出面為正中書局徵用辦公室？原來，正中書局成立於1931年南京，由曾擔任國民黨核心要職的陳立夫創辦，屬於國民黨黨營事業，任務在於「肅清敵偽遺毒，重建本省文化」，獨占教科書印製市場，[14] 並和前述中廣一樣，目的為政黨從事愛國宣傳。政權更迭，臺灣人民不得不重新學習「國語」（北京話），校正重塑自我認同。而當年輝煌的大倉本店建築，1980年代也隨之拆除，改建為現今正中大樓。抬頭眺望高聳的辦公大樓，往日榮景也只能深埋在歲月裡嘆息。

後來的正中大樓是辦公及商用混合大樓。

國立臺灣博物館

📍 臺北市中正區襄陽路 2 號

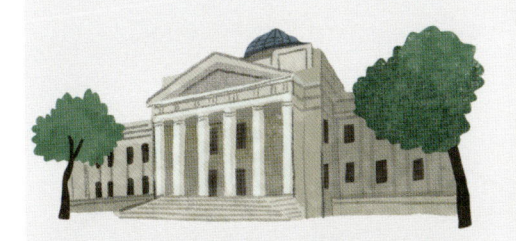

由總督府官方建造，並募集民間捐款興建而成，目的是為了紀念第四任臺灣總督兒玉源太郎和民政長官後藤新平，彰顯兩位為殖民地帶來現代化的功績；希臘多立克柱式及山牆，使得整座建築氣勢非凡。此建物後交由「臺灣總督府博物館」使用，成為日治時期典藏臺灣自然及人文科學研究的博物館。戰後更名為「國立臺灣博物館」，介紹臺灣環境與歷史文化，是重新認識島嶼的最佳選擇。

臺北市中山堂

📍 臺北市中正區延平南路 98 號

1928 年為紀念昭和天皇即位，日本政府建設臺北公會堂，以鋼筋混泥土建造，內部設有舞臺、娛樂室等，是當時大型集會場所。戰後公會堂改名「中山堂」，國民政府在此處舉行受降儀式，人民為了回歸祖國在廣場歡欣鼓舞。二二八事件爆發後，臺北市參議會邀請民意代表在中山堂成立處理委員會，提出「禁止帶有政治性之逮捕拘禁」等 32 條處理大綱。政府一面聲稱不動用軍力，一面派遣便衣軍警在附近埋伏。幾日後命令一下，衝入中山堂逮捕開會中的處委會成員，其他成員也陸續遭迫害。中山堂猶如沉默的歷史舞臺，見證動盪年代。

文化景點

→ PART1 洄游歷史線索

文化景點

→ 從銀座通到中正路：重返 1945 之前，老屋與檔案組成的非日常行旅路線

臺北 TAIPEI

撫臺街洋樓

📍 臺北市中正區延平南路 26 號
🕙 10:00-18:00（週日公休）

日治初期百廢待興，商人們洞燭先機紛紛來臺創業，其中「高石組本社」在臺經營土木營造業，「撫臺街洋樓」便是其辦公室。辦公室以北投唭哩岸石為材，所以也被稱為石頭厝，馬薩式屋頂鑲嵌三面老虎窗、四柱三間的弧形圓拱騎樓，使建築穩重大氣。

戰後，洋樓成為《人民導報》辦公室，創辦人宋斐如曾任國民政府要職，卻因在報上公開批評時政，二二八事件後「被消失」。1997 年，洋樓被臺北市文化局指定為市定古蹟，現由臺北市政府委外經營，開放民眾預約導覽，一窺老宅堅實風華。

臺北北門郵局

📍 臺北市中正區忠孝西路一段 120 號

臺北郵便局由總督府技師栗山俊一建造，採雙柱立面，運用北投窯面磚以適應臺灣潮溼氣候。戰後，郵便局延續郵務使命，增建一層並拆除車寄。近年政府斥資修復原車寄，卻保留增建的四樓，建築仍與原始設計有差異。在二二八事件期間，民眾聚集在臺北郵便局前抗議，遭軍警無情開槍掃射，造成多人傷亡；1949 年，臺籍郵電工人爭取同工同酬的遊行也以此為起點，最終三十餘人遭槍決或判刑。這座歷史滄桑的老郵局，不僅建築獨具特色，更彰顯了追求臺灣民主自由的崎嶇軌跡，並已由促進轉型正義委員會審定公告為不義遺址。

美食提案

嶼木

見到華陰街上的純白老屋，就知道「嶼木」到了。手揉的現烤印度烤餅，搭配自家祕製香料雞肉、自製油漬番茄和新鮮生菜，用幸福的色香味，開啟美好的一天。

- 臺北市中山區華陰街 26 號
- 嶼木 islandwood
- 09:00-16:30（週一至週四）
  09:00-17:00（週五至週日）

公園號酸梅湯

沁人心脾的酸甜美味，來自仙楂、烏梅、甘草、桂花的細心熬製。一口入喉，清涼解渴口齒留香，恰似臺北老街巷的寧靜時光，值得細細嘗味。

- 臺北市中正區衡陽路 2 號
- 老牌公園號酸梅湯
- 10:30-19:30

龍記搶鍋麵

創立於 1958 年，是衡陽路巷仔內的隱世美食。以大火爆炒蔬菜和蛋花，再用細火滾煮大骨高湯，加入麵條，起鍋時再依顧客需求加入肉絲或芙蓉滷肉，清淡香醇，讓人食指大動。

- 臺北市中正區衡陽路 84 巷 5 號
- 龍記搶鍋麵
- 10:30-13:40，16:30-19:20
  （週六至週日公休）

趙記菜肉餛飩大王

道地上海風味。餛飩外皮厚實有嚼勁，內餡以清脆爽口的青江菜和豬絞肉攪製而成，伴以加入蛋絲和海苔提味的清湯，每一口都能帶來幸福飽足感。

- 臺北市中正區桃源街 5 號
- 08:00-21:30

上上咖啡

創立於 1978 年，深植老臺北人回憶的咖啡館，復古的圓拱門廳設計，流露濃濃日式風情。除了聞名的虹吸式咖啡，也供應厚片吐司、三明治，還有俄式羅宋湯套餐等，是兼具老派時髦與懷舊風味的絕佳去處。

- 臺北市中正區延平南路 95 號
- 10:30-19:30（週一至週五）
  09:10-19:30（週六）
  09:00-17:30（週日）

鄭記豬腳飯

以陳年老滷汁慢火燴煮的東坡肉，是鄭記獨門絕活，甘甜鹹香，搭配泡菜，簡直絕配。另外，道地好吃的蝦捲、鐵蛋、虱目魚肚等，也是不少網友們盛讚的招牌美味。

- 臺北市中正區延平南路 22 號
- 鄭記豬腳飯
- 11:00-20:00（週日公休）

↓ PART 1 洄游歷史線索

- 47 -

新北 NEW TAIPEI

來去板橋探幽尋古

文／張瑋珊

光鮮亮麗的新板特區總是熱鬧非凡，現代化的景象偶爾會讓人遺忘這裡歷史悠久。板橋開發甚早，清領時期便已極為繁榮，特別是府中一帶，舊稱「枋橋城」，城牆內鐵道、街市、民俗信仰應運而生。日治時期，枋橋更名為具日式風格的地名「板橋」，但臺語仍舊念作「枋橋(Pang-kiô)」；舊時城牆如今雖不復見，但仍可透過尚存痕跡見證板橋的歷史風貌與蛻變。

MAP → 從銀座通到中正路：重返 1945 之前，老屋與檔案組成的非日常行旅路線

新北
NEW TAIPEI

一日時空散步路線
↓

10:00 早餐
邱家肉羹油飯

10:30
大觀義學

11:00
林本源園邸

12:30
板橋接雲寺

13:00 午餐
黃石市場周邊小吃
（高記生炒魷魚、老曹餛飩）

14:00
板橋慈惠宮

14:30 點心
長興餅店（黃長興號）

15:00
介壽堂（現國民黨新北市黨部）

15:20 點心
巷弄內 波霸珍珠奶茶

15:50
板橋放送所
（現 CLT 傳奇放送科藝文創園區）

16:30 點心
三豐芋冰城

地圖標示：
- 西門街
- 林本源園邸
- 文昌街
- 大觀義學
- 邱家肉羹油飯
- 老曹餛飩
- 黃石市場
- 文化路一
- 後菜園街
- 高記生炒魷魚
- 板橋慈惠宮
- 板橋接雲寺
- 府中
- 館前西路
- 長興餅店（黃長興號）
- 湳雅夜市
- 縣民大道一段

圖例：
- 歷史現場
- 文化景點
- 美食提案

- 50 -

六必居潮州一品沙鍋粥

民族路

巷弄內
波霸珍珠奶茶

介壽堂(現國民黨新北市黨部)

介壽公園

三豐芋冰城
民族路

捷運府中站

重慶路

介壽公園

館前東路

板橋放送所
(現CLT傳奇放送科藝文創園區)

館前東路

→ PART1 洄游歷史線索

歷史現場

→ 從銀座通到中正路：重返 1945 之前，老屋與檔案組成的非日常行旅路線

新北 NEW TAIPEI

一切都在黨的計畫中

介壽堂

現國民黨新北市黨部

📍 新北市板橋區中山路一段 50 巷 17 號

捷運府中站前，中山一路附近店面林立，國民黨新北市黨部就隱身在巷弄中，與鄰街聳立的 18 層樓大廈對望。黨部和大廈之間，交錯著一段複雜歷史。

此處原是大片放領耕地，1956 年臺北縣政府以「興建會議廳」為由，公告土地徵收，並於 1966 年取得土地所有權，1967 年興建「介壽堂」。房屋所有權雖屬於縣府，但本該作為公眾用途的會議廳，卻由國民黨臺北縣黨部和民眾服務社使用。為得到土地與房產所有權，國民黨採取一系列行動：1980 年，國民黨申請讓售其中 2,020 平方公尺土地，先由縣府報請縣議會同意、再經過省政府核准，成功取得一部分土地。四年後再次函請縣府出售介壽堂房屋，經相關單位核可，最終成功取得房屋所有權。

成為房屋主人就有資格不經公開標售程序直接購買土地，於是該黨再度申購讓售 768 平方公尺土地，1986 年縣府發出產權移轉證明書，國民黨終於成為土地名正

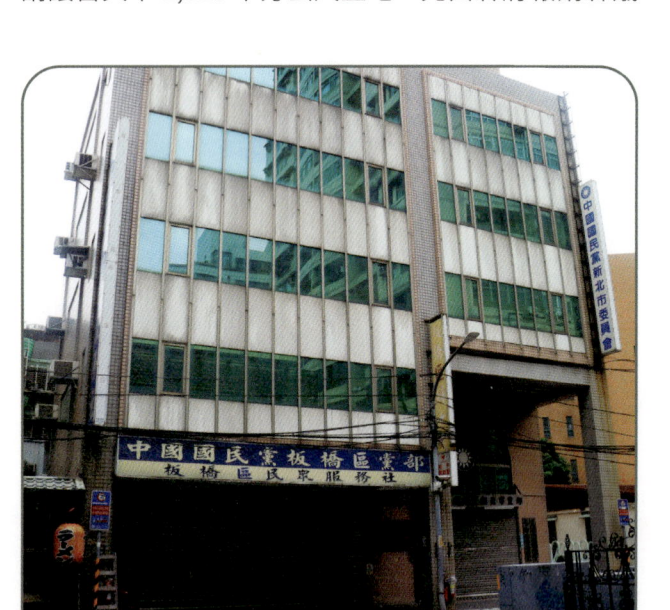

最初計畫興建的公眾使用會議廳，最終卻成為黨部基地。

- 52 -

言順的擁有者。1991 年由啟聖公司（國民黨黨營事業），向財政部國產局申購附近僅有四平方公尺的畸零地，緊接著國民黨將部分土地賣給該公司，其餘則留下作為黨部。

1997 年啟聖公司開始在對街興建住宅大樓，共 18 層樓一百餘戶。從興建介壽堂開始，到黨營事業蓋房營利，長達四十年的計畫操盤實為一絕。 1

新北市黨部對面的大廈（淺褐色建物）由啟聖公司建造。

來自 1930 年的赫茲震盪
板橋放送所
現 CLT 傳奇放送科藝文創園區

📍 新北市板橋區民族路 130 巷 67 號
🕐 07:00-21:00（每月第一個週一公休）

日治時期板橋放送所的重要任務，是強化臺北放送局之無線電波，將節目放送至全島各地，對推廣臺灣廣播普及功不可沒。

1930 年建造完成的淺黃色建築，外觀簡潔、建築轉角處皆有圓角處理，充分表現建築師栗山俊一著重實用與技術的風格。栗山俊一為臺灣總督府土木局營繕課技師，在臺期間研究白蟻防治；由於臺灣和日本的生態氣候截然不同，他特別研發能有效防暑的混凝土磚，此獨門建材技術就運用並保存在「板橋放送所」。 2

→ PART1 洄游歷史線索

歷史現場 新北 NEW TAIPEI

→ 從銀座通到中正路：重返 1945 之前，老屋與檔案組成的非日常行旅路線

板橋放送所園區內，留下了中廣商標。

經過修復工程，板橋放送所煥然一新。

當時板橋放送所，是強化臺北放送局無線電波的重要推手。全臺各地民眾打開收音機，都能聽見廣播節目，這正是板橋放送所將臺北放送局製作的節目發送至臺中、嘉義、臺南及花蓮放送局的成果。戰後，板橋放送局由國民黨中央廣播事業管理處。❸(後改組為中廣)接收，並改稱中廣板橋發射站；幾年後，又另外增建了兩座工廠建築及通勤員工交通車停放的車庫。❹ 2004 年交通部提起訴訟，2014 年法院判決中廣板橋機房八筆土地均屬國有，產權登記交通部名下，後由新北市政府於 2015 年指定為市定古蹟。

經過漫長復原工程，2023 年場域以嶄新面貌重生，成為結合在地文史以及表演藝術的「CLT 傳奇放送科藝文創園區」，而戰後增建的空間，也分別作為咖啡廳及故事屋營運，吸引民眾走入園區，用更多元的方式感受古蹟。

大觀義學

📍 新北市板橋區西門街 5 號
🕒 08:00-17:30

清代漳泉衝突嚴重，大小械鬥不斷。為了彌平隔閡，板橋望族林家和泉州舉人莊正共同設立「大觀書社」，後擴大為「大觀義學」，希望透過教育化解成見，達成族群融合。正殿供奉文昌帝君，並設有孔子神位，當地考生大考前，都會帶著蔥(意味聰明)、菜頭(象徵好彩頭)和包子(代表包中)作為供品，來此祈求金榜題名。

林本源園邸

📍 新北市板橋區西門街 9 號
🕒 09:00-17:00（每月第一個週一公休）

「林本源園邸」(舊稱林家花園)是林本源家族興建於住屋旁的休閒花園，板橋林家在清代因經商繁盛，土地田產遍及北部，舊城區許多地方建設，如城牆、辦學和廟宇等，都有林家身影。林本源園邸是臺灣現存最完整的中國古典園林建築，如當年可登高遠眺田園的觀稼樓、文人墨客吟詠的方鑑齋，或者是有富貴吉祥喻意的花窗、迴廊等都古樸靜謐，彷彿走入幽靜的舊時光。

文化景點

→ PART1 洄游歷史線索

文化景點

→ 從銀座通到中正路：重返 1945 之前，老屋與檔案組成的非日常行旅路線

新北 NEW TAIPEI

板橋接雲寺

📍 新北市板橋區西門街 69 號
🕐 07:00-22:00

「接雲寺」是板橋四大古廟之首，建於 1856 年，主祀觀世音菩薩。古時板橋並無能祭拜觀音的寺廟，信徒只能徒步遠涉「中和慈雲巖」禮佛。當地望族林本源家族有感交通不便，特別恭請觀世音於每年兩三個月移駕板橋，供信徒參拜。某次中和漳泉械鬥，慈雲巖遭受波及燒毀，神像則因迎至板橋免於祝融。不久，林家便興建接雲寺並恭迎神像供奉，所以接雲寺也有承接慈雲巖香火的意涵。

板橋慈惠宮

📍 新北市板橋區府中路 81 號
🕐 05:00-22:00

香火鼎盛的慈惠宮興始於 1750 年，至今已有兩百多年歷史，現有廟宇建築歷經多次修建、改建，現存建築為 1984 年完成之三層樓規模格局；廟宇裝飾以泥塑、木雕、石雕為主，富含古典建築藝術之美。主祀天上聖母（媽祖），也被稱為「板橋媽」，殿前有全臺最高的千里眼、順風耳神像護駕，看上去肅穆威嚴，吸引許多外地人慕名前來參拜。

- 56 -

美食提案

邱家肉羹油飯

從黃石市場搬遷至北門街,傳承三代的邱家肉羹油飯,油飯顏色雖淡,但麻油香氣十足;肉羹清湯中加有蛋花,赤肉口感軟嫩,一套吃下來清爽不膩口。

- 新北市板橋區北門街 42 號
- 00:00-20:00(週一)
  08:00-20:00(週二至週日)

高記生炒魷魚

緊鄰慈惠宮的黃石市場,高記生炒魷魚只有四個品項:炸蘿蔔糕、糯米腸、芋粿和生炒魷魚羹,從少少品項就足見小吃攤的滿滿自信。生炒魷魚羹料多實在,炸蘿蔔糕、糯米腸和芋粿外皮酥脆,搭配炸物靈魂蒜頭醬油,銅板價格就能享受美食。

- 新北市板橋區宮口街 28 號
- 08:00-17:00(週一公休)

老曹餛飩

標榜每天手工現包,內餡以國產噶瑪蘭黑豚製作,小巧的餛飩無論乾拌或搭清湯都十分美味。此外,老饕們讚不絕口的飩蛋麵,以香噴噴的豬油拌麵,搭配招牌餛飩、韭菜和半熟蛋包,是令人念念不忘的好滋味。

- 新北市板橋區茶館街 11 號
- 06:00-19:30(週一、週三營業至 14:00,週四公休)

長興餅店（黃長興號）

南門街素有「糕餅街」之稱,除各式糕餅店以外,也聚集不少嫁妝店,是當地新人籌辦婚事時的必訪之地。長興餅店的知名古早味白豆沙餅,香酥外皮之下包裹著白鳳豆沙,是年節最佳伴手禮。

- 新北市板橋區南門街 58 號
- 黃長興號
- 10:00-18:00(週一)
  09:00-21:30(週二至週日)

巷弄內 波霸珍珠奶茶

一間品項豐富的飲料攤,各式茶類、果汁和復古雪泡應有盡有,當然,最有名氣的還是波霸珍珠奶茶。奶香濃厚、黑糖珍珠彈牙,不只本地人喜歡,也受到韓國美食節目青睞。

- 新北市板橋區中山路一段 50 巷 1 弄 4 號
- 巷弄內 波霸珍珠奶茶
- 10:30-23:30(週四公休)

三豐芋冰城

車水馬龍的民族路上,有一間充滿時間痕跡的小冰店,販賣品項五花八門,從雪冰、果汁,到北部稀少的冰磚都有,其中又以綿密香甜的冰磚最受歡迎,是在地人公認的樸實古早味。

- 新北市板橋區民族路 15 號
- 三豐芋冰城
- 13:00-22:30(冬季週一公休)

PART 1 洄游歷史線索

PART2
踏尋時代軌跡

新竹・臺中・嘉義

白水旅館　臺中市役所　嘉義公會堂

新竹
HSINCHU

重溫風城摩登時光

文／張瑋珊

新竹，人人口中的風城、虔誠香客朝拜的新竹都城隍廟所在地，更是稱霸全國的科技重鎮。如此精彩的繁盛風景，沉澱自清領時期以來的養分，從竹塹城、護城河、官署、官廟，到日治時期的驛站、州廳、市役所、有樂館（劇場）等，隨著人口匯集，擴大公共建築、民生教育，成為時興事物初發表的舞臺，淬鍊了豐富歷史底蘊。時至今日，我們依然能從市街上的老建築看見昔日風華痕跡與記憶紋理。

MAP → 從銀座通到中正路：重返 1945 之前，老屋與檔案組成的非日常行旅路線

新竹
HSINCHU

一日時空散步路線
↓

10:40 早餐
梅花雞蛋糕

11:00
迎曦門(竹塹城東門)

11:10
白水旅館(現 LA NEW)

11:20
銀座咖啡店(現桃園牛排店)

11:30
新竹市影像博物館

12:30 午餐
東門米粉攤

13:30
或者新州屋

14:00
護城河親水公園

14:30
新竹市役所(現新竹市美術館)

15:30
新竹市政府

15:40 點心
林家芋泥球

16:00
新竹都城隍廟

16:30 點心
米滋食舖

17:00 晚餐
許二姊(鴨肉許)

北門街

許二姐(鴨肉許)

米滋食舖

林家芋泥球

新竹都城隍廟

新竹關帝廟

歷史現場
文化景點
美食提案

- 62 -

新竹市政府

新竹市役所（現新竹市美術館）

護城河親水公園

中山路　中正路　中央路　府後街

東門市場

東門米粉攤

新竹市影像博物館

銀座咖啡店（現桃園牛排店）

或者新州屋

白水旅館（現LA NEW）

迎曦門（竹塹城東門）

東門街　文昌街　信義街

梅花雞蛋糕

大同路

新竹火車站

→ PART2 踏尋時代軌跡

歷史現場

→ 從銀座通到中正路：重返 1945 之前，老屋與檔案組成的非日常行旅路線

新竹 HSINCHU

轉角與歷史相遇
白水旅館
現 LA NEW

新竹市東區東門街 110 號

漫步於新竹舊城區，經常會不經意在轉角處遇到老建築。例如東門城附近，一棟素雅的白色街屋，以柔和弧度，優雅引領行人進入下個路口，它是日治時期的「白水旅館」，由日人谷口與助創立。根據《臺灣關係人名簿》記載，谷口來自鹿兒島縣水出市，不僅開設旅館，也創辦專門驅除白蟻的研究所。

1945 年日本戰敗，白水旅館館主谷口和其他在臺日人紛紛回國，白水旅館這棟建築還有白蟻驅除技術卻一起了留下來。一位曾是軍伕的臺灣人張和世，用 1,500 元軍餉從谷口手中頂下研究所，並以「新竹白蟻驅除工程行」為店名經營至今；由於這門技術相當稀有，張和世受託經手許多著名建築，如淡水紅毛城、淡水長老教會，甚

從新竹市政府文化局出版的《迎曦飛越一八五：新竹東門影像專輯》中，可以看見當時市景：左起東門城、位處中央的白水旅館及右側的銀座咖啡店。

至蔣中正也曾邀他至草山行館進行整治。[1]而白水旅館失去原有館主後,本應收歸國有的日人財產,卻被列入國民黨省黨部轉帳名冊中,作為國民黨新竹市黨部使用。

隨著市黨部搬遷,白水旅館曾被出租盈利,1965年賣出後數度易主,也曾為知名的水仙餐廳,是許多新竹人的回憶,後由連鎖鞋店承租,並以巨幅廣告招牌遮住建築清麗的容顏,後因颱風受損,外牆廣告被撤除,建築重新整修,使得這座古典街屋風華得以再現。

建築整修後,再現當年之美。

不只賣咖啡還有女性陪侍
銀座咖啡店

現桃園牛排店

新竹市東區中正路 46 號

「跑咖」這個詞,是近年社群媒體上的流行用語,也就是「跑咖啡廳」的簡稱,這個詞彰顯了年輕人熱衷探索城市咖啡廳的風潮。在日治時期的新竹,類似的咖啡廳文化是否存在?答案是肯定的,而且好咖啡、好品味、好服務樣樣具備。

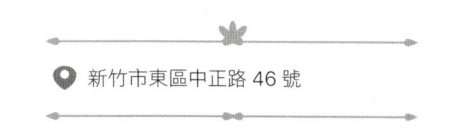

歷史現場

→ 從銀座通到中正路：重返 1945 之前，老屋與檔案組成的非日常行旅路線

新竹
HSINCHU

東門城邊昔日的銀座咖啡店現在已是桃園牛排店。

在《祝始政四十周年記念臺灣博覽會》中，可以看見銀座咖啡店的廣告（右下），地點則寫「新竹東門前」。

由當時的新竹驛下車後直行，一路走向東門城，華麗的三層建築「銀座咖啡店」便映入眼簾。與現代咖啡廳迥然不同的是，彼時「咖啡店」賣咖啡、酒，也供應料理，是重要的社交場所，店內的「女給」（女侍）穿梭在客人間，陪伴談天，營造出一種戀愛的氛圍。根據臺灣總督府官方統計，1932 年新竹州咖啡店合計九間，女給 28 人，直至 1942 年咖啡店數量增至 24 間，女給人數則成長六倍，達 190 人。[2] 此一數據足見「女給」受民眾歡迎的程度，成為了當時咖啡店最大特色。

戰後，銀座咖啡被國民黨省黨部以轉帳方式取得，作為國民黨新竹市黨部使用。市黨部搬遷後，該址產權幾經流轉，如今這棟灰白色建築已成為連鎖餐廳，繼續用不同方式為時代人群服務。

地方時空膠囊
新竹市役所
現新竹市美術館

📍 新竹市東區中央路 116 號
🕘 09:00-17:00（週一公休）

中央路上，外型典雅的新竹市美術館身處現代大樓旁，更顯氣質不凡，傳統紅磚建築交融著羅馬式拱門設計，承襲了 1925 年落成以來的古色古香。而這座建築不只是古蹟，更是地方的時光膠囊，記錄著社會變遷。

1920 年，日治時期的臺灣行政區劃分實施「市街庄」制，新竹州（現桃園市、新竹市、新竹縣及苗栗縣）下設有新竹郡，再依據地理位置及人口發展，設置市、街和庄。當時

《新竹街要覽》中的新竹街役場，與現在的新竹市美術館外觀風格相似，但細究仍有所不同。

歷史現場

→ 從銀座通到中正路：重返 1945 之前，老屋與檔案組成的非日常行旅路線

新竹 HSINCHU

新竹市行政層級屬於「新竹街」，而現在的美術館，是昔日「新竹街役場」辦公廳舍，地位猶如現在的區公所，負責辦理地方大小公務，如納稅、政令公告等。隨著當地人口越來越多，1930 年新竹街升格為新竹市，原本的新竹街役場，經過擴建之後成為「新竹市役所」。❸

戰後國民政府來臺，原是公共用途的辦公廳舍，卻由國民黨作為縣黨部私用，而一樓門廊上的穗狀花環也被青天白日的黨徽取代❹，直至 1973 年後才回歸公共用途，成為戶政事務所。2001 年新竹市政府公告建築為市定古蹟，經多年整修，如今作為新竹市立美術館登場，展出內容以臺灣當代藝術為主，觀賞展覽時，頗有古今交錯的奇妙感受。

增建後的新竹市役所。

新竹市美術館展出內容以當代藝術為主，不定時舉辦特展，帶動城市藝文風氣。

PART2 踏尋時代軌跡

文化景點

→ 從銀座通到中正路：重返1945之前，老屋與檔案組成的非日常行旅路線

新竹
HSINCHU

迎曦門
竹塹城東門

📍 新竹市東區東門街、中正路口

清代新竹又稱為竹塹城，曾是淡水廳署的所在地，也是北臺灣最早的行政中心。當時為防止民眾據城叛亂，朝廷下令禁用石磚建城，人們以刺竹圍城作為防衛，後因地方仕紳請求築城保衛人民財產，石磚城才在眾人引頸期盼之下完工。日治時期之後，北門、南門及西門陸續因火災或都市計畫拆除，迎曦門則被日本人指定為史蹟，方能保留至今，成為新竹古城時代象徵。

新竹市影像博物館

📍 新竹市東區中正路65號
🕐 09:00-17:00（週二至週四）
　 09:00-21:00（週五至週日，週一公休）

1933年建成的臺灣首座現代化歐式劇場「有樂館」，由建築師栗山俊一設計，使用鋼筋混凝土造，建築外觀方正，裝飾雅緻；擁有當時最先進的放映和發聲設備，也是臺灣第一家裝有冷氣的戲院。二戰期間遭受戰火破壞，修復後更名國民大戲院，並由市府經營，成為新竹市政府舉辦公共活動和慶典的場所。如今，這座歷史建築已轉型為「新竹市影像博物館」，繼續展覽珍貴影像文物，向民眾講述豐富故事。

或者新州屋

- 新竹市東區東前街 16 號
- 或者新州屋 OR House
- 11:00-22:00（週一至週二公休）

「新州屋」是日治時期新竹市的第一間百貨公司，1934 年開幕，販賣多樣化的日本舶來品，是摩登男女最愛的購物天堂。該址 2023 年由「或者團隊」重新整修，保留舊建築方圓窗交錯的外觀，經營餐館並販售新竹特色商品，為老屋帶來新活力。

護城河親水公園

- 新竹市東區中央路、府後街口

清代保衛城池的護城河，隨著日治時期的市區改正計畫，街道改為棋盤式，護城河成為排水道。戰後排水道被保存了下來，成為民眾熟知的東門大溝，甚至一度被鋪上水泥，漸漸被市民遺忘。直到近年市府逐步整建、再造、美化，才讓原本的東門大溝，重拾護城河之名，為城市帶來河水流動的詩意。

文化景點

PART2 踏尋時代軌跡

文化景點

→ 從銀座通到中正路：重返 1945 之前，老屋與檔案組成的非日常行旅路線

新竹
HSINCHU

新竹市政府

📍 新竹市北區中正路 120 號
🕐 08:00-12:00，13:00-17:00
（週六至週日公休）

1925 年建造、1927 年啟用，1932 年擴建入口門廊。今日的新竹市政府，傳承日治時期的「新竹州廳」建築，西式的紅磚建築主體、日式斜屋頂，兩側對稱的鐘塔設計，帶來恢弘穩重的氣度。佇立百年，1998 年被列為省定古蹟，精省後為國定古蹟，現在則為市府官員辦公處。

新竹都城隍廟

📍 新竹市北區中山路 75 號
🕐 05:00-22:00

清乾隆時期興建，主祀城隍爺及城隍夫人。原屬官廟性質，供任職官員每月進香祈福，隨著信眾增加，廟宇開放參拜。廟內有光緒皇帝頒賜之「金門保障」匾額，源於新竹曾逢久旱，知縣祈雨應驗後獲頒；此外，廟中八卦藻井的木雕也極為精緻，其中人物、動物和植物皆有祥瑞祈福之寓意，令人目不暇給。

美食提案

梅花雞蛋糕

剛出爐的雞蛋糕總是會吸引滿滿的排隊人潮，香甜鬆軟的梅花造型，一顆顆滿溢著牛奶、雞蛋和麵粉交融的香氣，簡單親民，是許多新竹人課後的指定點心。

- 新竹市東區中正路 28 號
- 10:00-18:00（週三 11:00 營業）

東門米粉攤（新竹東門市場店）

招牌海鮮芋頭米粉湯，海鮮新鮮，加入香氣十足的油蔥、芹菜、香菜，再點綴蛋酥，簡直神來一筆，就算要排隊也甘之如飴。

- 新竹市東區大同路 86 號 東門市場 1117 攤號
- 11:00-14:00、16:30-20:00（不定期公休）

林家芋泥球

城隍廟附近的必吃美食之一，將芋頭蒸煮到香氣四溢，再加入蜂蜜製成芋頭餡。入鍋油炸後的芋泥球外皮香酥，內餡飽滿滑順，忍不住一口接一口。

- 新竹市北區東門街 191 號
- 林家芋泥球
- 14:00-21:00（週一至週五） 12:00-21:00（週六至週日）

米滋食舖

白色麥芽糖餅是新竹特色。貝殼形狀的白色威化餅中，包裹著新竹福源花生碎粒、香菜及店家自製麥芽糖，獨特香甜滋味，使異鄉遊子念念不忘，也是隱藏版伴手禮。

- 新竹市北區中山路 75 號
- 米滋食舖 - 古早味點心 - 白麥芽糖、茯苓糕
- 10:30-18:00

許二姊（鴨肉許）

北門街上醒目的鴨子招牌，指示著新竹市人氣名店「許二姊」（鴨肉許）的方位。在地人推薦的炒鴨血，口感酸辣非常開胃，煙燻鴨肉切盤、鴨肉炒麵也是必點名單，來到新竹千萬別錯過！

- 新竹市北區北門街 35 號
- 10:00-02:00

→ PART2 踏尋時代軌跡

臺中
TAICHUNG

尋找時代人文底蘊

文／林育正

早在日治時期，臺中便是臺灣重要的州治所在，日本政府在此設置臺中州，籌備機關、開拓交通，以此連結中部地區各縣市鄉鎮，吸引南來北往的人們聚集，成為政治、經濟、文化發展重心。以臺中火車站為起點，循線在城市裡散步，便能看見許多百年古蹟和過往生活記憶，如舊時代官舍、傳承世代的名店，還有更多因都市發展而塵封的遺址值得探索。

MAP → 從銀座通到中正路：重返 1945 之前，老屋與檔案組成的非日常行旅路線

臺中
TAICHUNG

一日時空散步路線
↓

10:00
天外天劇場遺址

10:30
臺中驛鐵道文化園區

11:00
千代乃家旅館（現寶島 53 行館）

11:30 早午餐
Hello Vietnam 河內美食成功店

12:30
臺中座（現龍心商場）

12:40
春田館
（現 Times 臺中自由路停車場）

13:00 點心
新太陽堂餅店

13:20
臺中市役所

14:30
國家漫畫博物館

15:30 點心
龍川冰菓室

16:00
林之助紀念館

17:30 晚餐
蚵仔粥、港伯梅仔冰

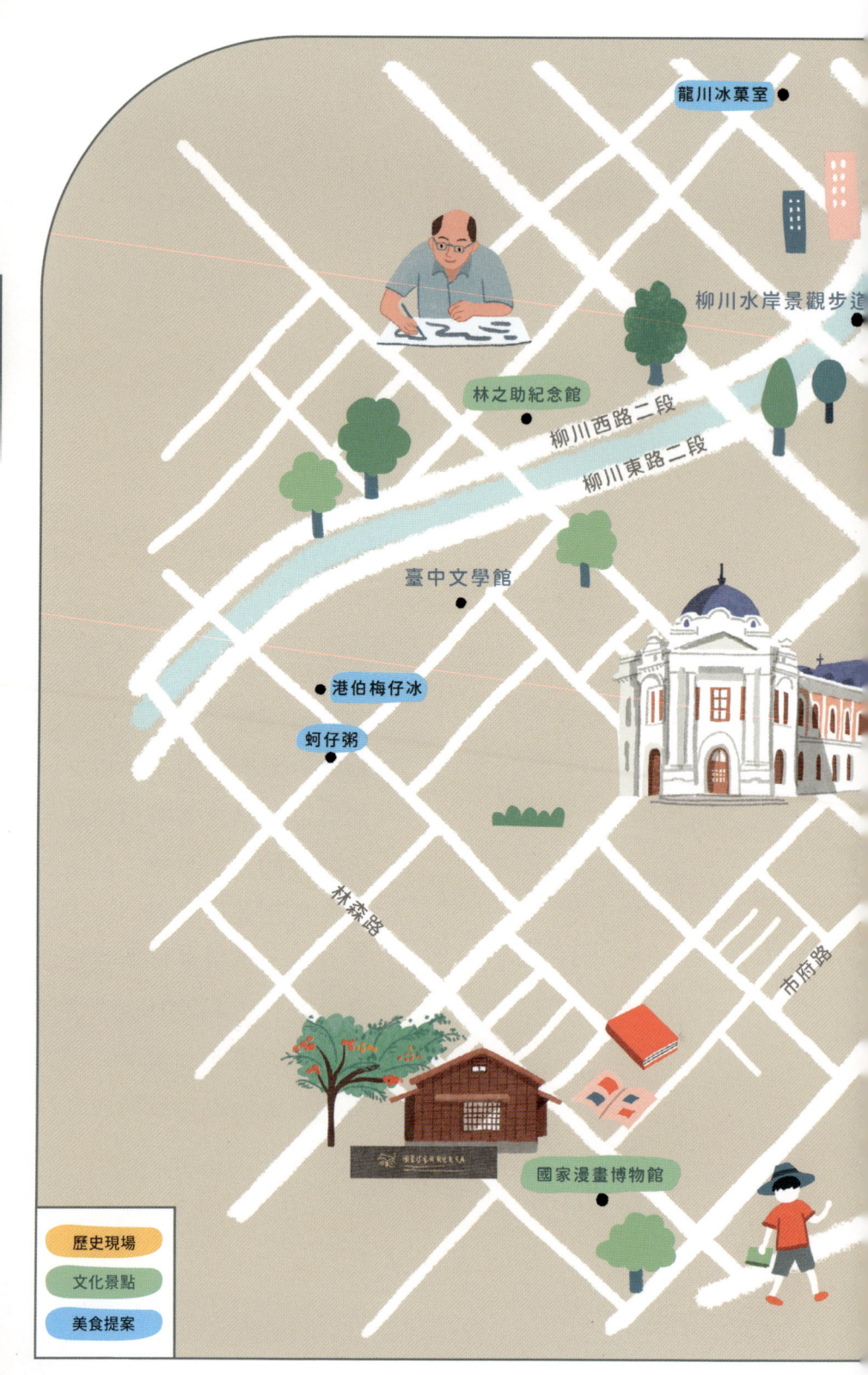

圖例：
- 歷史現場
- 文化景點
- 美食提案

地圖標示：
- 龍川冰菓室
- 柳川水岸景觀步道
- 林之助紀念館
- 柳川西路二段
- 柳川東路二段
- 臺中文學館
- 港伯梅仔冰
- 蚵仔粥
- 林森路
- 市府路
- 國家漫畫博物館

- 76 -

臺中公園

Hello Vietnam 河內美食成功店

新太陽堂餅店

臺中座
(現龍心商場)

東協廣場

春田館
(現Times 臺中自由路停車場)

臺中市役所

千代乃家旅館
(現寶島53行館)

臺中火車站

臺中驛鐵道文化園區

天外天劇場遺址

→ PART2 踏尋時代軌跡

歷史現場

臺中 TAICHUNG

→ 從銀座通到中正路：重返 1945 之前，老屋與檔案組成的非日常行旅路線

最新潮的歐式劇院
天外天劇場遺址

由齊藤辰次郎設計興建的「天外天劇場」，在日治時期和臺中座、樂舞臺、娛樂館齊名，是最能代表臺中演藝文化的重要歷史建築。三層樓的空間，除了可容納六百餘席觀眾，電影、歌仔戲、京劇也輪番上演，更設有食堂、喫茶店、舞廳等，是相當前衛的複合式建築。興建天外天的最大推手就是臺中仕紳吳鸞旂的兒子吳子瑜。**1** 當時臺中以火車站為界，前站是日本人主要活動區域，後站則是漢人生活場域，因為缺乏發展與建設，吳子瑜決定建設後站，天外天劇場就是當時的產物。

不過要說天外天和黨產的關係，還要將鏡頭拉回臺北的「梅屋敷」。二戰過後，時任省黨部主委的丘念台號召仕紳與知識分子組成「臺灣光復致敬團」，歡迎國民政府來

天外天劇場現在已經拆除，只剩影像紀錄可供追憶。

臺，於是找上經濟實力雄厚且對中國抱有情懷的吳子瑜，請他負責修復經營當時已被轉帳到國民黨名下的梅屋敷，作為「國父史蹟紀念館與國民黨員遊藝室」。梅屋敷修繕花費二百萬元，每月承租還需要一萬元的租金。沉重的負擔下，吳子瑜為了籌措資金，毅然決定將天外天劇場出售。跨時代的劇場失去了賞識的伯樂後命運多舛，短暫維持一段劇院時光後，出售給冷凍業者，期間亦曾作為釣蝦場使用。2021 年，在所有權人的決定下拆除，天外天劇場正式走入歷史。

天外天劇場屋頂同西門紅樓，採放射狀鋼骨桁架，內部圓形空間與現今的美聲涵洞異曲同工。

畢旅首選住宿
千代乃家旅館
現寶島 53 行館

📍 臺中市中區中山路 27 號

1909 年成立的「千代乃家旅館」，建築採二層樓的傳統日式木造磚瓦形式，地址緊鄰火車站，一旁就是綠川；過去以親切熱誠的服務口碑深植人心，是日治時期臺灣首屈一指的旅社，也是鐵道部指名的住宿地點。在戰前，許多學校修業旅行都會選擇入住於此。

歷史現場

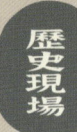

從銀座通到中正路：重返 1945 之前，老屋與檔案組成的非日常行旅路線

臺中 TAICHUNG

二戰後，千代乃家先被「三民主義青年團臺中分團」徵用，隨著三民主義青年團併入國民黨，千代乃家本來應回歸公有，然而建築卻續遭國民黨占用，並以轉帳的方式變更為黨部資產，轉為「青年旅社」經營。

1958 年，國民黨省黨部為配合臺灣省政府遷移中興新村，預計將省黨部轉設在過去同是旅店的春田館（一度被改成民眾旅社經營），而青年旅社則被作為國民黨部職員的宿舍使用。2 隔年三月一場大火突發，整棟建築化為烏有。國民黨於是將青年旅社對外標售，所有權幾經更迭，現址成為今日「寶島 53 行館」，繼續為現代旅人提供住宿服務。

原址現地仍經營旅館。

千代乃家鄰近新盛橋旁，環境優雅、頗負盛名。

在地人心中的潮流聖地
臺中座
現龍心商場（已歇業）

◎ 臺中市中區臺灣大道一段 138 號

「臺中座」是臺中地區最早誕生的現代戲院，創立於 1902 年，巨型圓拱建築外牆上總是掛著大幅手繪節目看板，模樣相當吸睛。主要客群以初移居至臺中的新居民為主，節目有日本演劇、舞踊等，引領著當時時髦的娛樂生活。而臺中市第一家百貨公司「吉本商店」，就在臺中座建築旁，街區熱鬧不已。3

1900 年代後期，來自日本的電影巨擘高松豐次郎全力推展事業，募資重修臺中座也是重要一環。1933 年榮町一帶（今繼光街周邊）因祝融肆虐毀損，臺中座遷移至現在的臺灣大道上。戰後，「臺中座」被接收，並改名為「臺中戲院」經營，除了中影公司自產的電影之外，也會播放西方電影。

臺中座也是臺中「三二事件」的起爆點，二二八事件爆發後，消息傳到臺中，三月二日，臺中市民及本地學生與來自臺北的學生等，聚集在臺中座召開市民大會，不僅響應臺北抗議行動，更討論對策，發起示威遊行。4

日治時期的臺中座。

→ PART2 踏尋時代軌跡

歷史現場

→ 從銀座通到中正路：重返 1945 之前，老屋與檔案組成的非日常行旅路線

臺中 TAICHUNG

1977 年，中影將臺中戲院舊建築拆除，與北屋建設、吉本百貨聯手興建北屋百貨，1980 年風光開幕，臺中戲院也曾附設其中；四年後，場域改由龍心百貨接手營業，與隔壁的遠東百貨成為當時潮流商圈。數十年間，經營權又幾經流轉，現更名為「龍心商場」，而臺中座的印象也在各種變化中，漸漸被人遺忘。

原址上的龍心百貨目前歇業。

大型連鎖日式旅社
春田館
現 Times 臺中自由路停車場

◉ 臺中市中區自由路二段 24 號

日治時期春田館廣告。

很難想像，一座尋常的停車場曾是百年前紅極一時的旅社「春田館」。1896 年春田館成立，地點就在當時的新町，離臺中州廳不遠，該區域為日人沿用清代建築作為官舍的據點，也是日治時代初期最熱鬧的區域。1898 年春田館增建為兩層樓的

- 82 -

空間，採傳統日式風格，總共有 22 間客房，是臺中最早成立的旅館之一；因為經營甚早，擁有良好口碑且鄰近廳舍，成為日本本島人出差經常下榻的旅社。

民眾旅社時期的廣告。

隨著臺中市區的發展，市區改正與火車站相繼設置，都市重心移轉到市街中央的榮町和大正町一帶，嗅到趨勢變化的春田館，也分別在二處設置了支館。1904 年，新町的商店街發生大火，春田館本店毀於祝融，但商家卻沒有因此氣餒，反而改將分店作為主要經營店，後續更在南投、高雄陸續開了支館。

二戰結束後，國民政府來臺，國民黨以「轉帳」名義取得春田館的產權，並將其改名為「民眾旅社」，先後成為市黨部、省黨部的黨營旅社。而後，隨著省政府搬遷至中興新村，國民黨曾計畫將其改為省黨部辦公廳舍使用，但在 1962 年，這座占地 470 坪、位於臺中市鬧區自由路的「民眾旅社」，卻被以遠低於市價行情的 262 萬元賣給了永豐股份有限公司，讓故事再度改寫，春田館記憶也從此化作雲煙。5

春田館原址已成為停車場。

→ PART2 踏尋時代軌跡

歷史現場

→ 從銀座通到中正路：重返 1945 之前，老屋與檔案組成的非日常行旅路線

臺中 TAICHUNG

舊城區指標建物
臺中市役所

📍 臺中市西區民權路 97 號
🕐 11:00-21:00（週一至週二公休）

恢宏華美的百年歷史建築「臺中市役所」，前身為臺中廳公共埤圳聯合會事務所，完工於 1911 年，是臺中最早的鋼筋混凝土建築之一。建築正門有著仿古希臘神廟的山牆、簷口、飾帶等結構，門側各有一方、圓雙柱，除了能增強結構穩定性、襯托建築的高聳感，也讓視覺語彙更加豐富。

1920 年行政區改制，臺中、南投兩廳合併為臺中州，在聯合會事務所旁設置「臺中州廳」。後因總督府有意統籌水利系統，各地公共埤圳聯合會大多於 1923 年解散，這座建築就在節省經費、地點便利等因素下，轉身成為臺中市新官廳，即為臺中市役所。[6]

二戰後，建築被國民政府接收，進駐臺中市政府與臺灣省日產處理委員會臺中辦事處，二二八事件後，又加入臺中市二二八處理委員會等。1946 年，國民黨在內設置臺中市指導員辦事處（後改稱臺中市黨部），三年後曾短暫交由陸軍第 54 軍司令部使用，隔年卻在第一屆參議院大會決議下，將建築借給市黨部，直到 1986 年遷出。遷出時國民黨卻又以民眾服務社的名義要求 3,500 萬搬遷補償費，用以興建位於大隆路 40 號的新黨部，促使黨產會於 2023 年做出處分，認定新黨部為不當黨產，現已收歸市有，而原本的臺中市役所也在 2017 年登錄為歷史建築，讓後人得以一窺建築之美。

臺中市役所今昔對照。

文化景點

臺中驛鐵道文化園區

📍 臺中市中區臺灣大道一段 1 號
🕐 11:00-21:00（週一至週五）
　　10:30-21:30（週六至週日）

赤紅磚牆與白色飾帶相間的老臺中車站，是典型的辰野式建築，也是臺灣最早被列為國定古蹟的火車站，落成於 1917 年，現搖身一變成為訴說人文故事的最佳基地。如車站高聳的塔樓，原有提醒旅人時間的時鐘，戰後更換成臺灣鐵路局局徽；局徽由臺鐵員工鄭春福設計，中間的「工」字是鐵軌剖面，象徵鐵路與火車的剛強，而「臺」字架構則代表臺鐵員工不畏艱難，全力穩固交通發展的信念。

國家漫畫博物館

📍 臺中市西區林森路 33 號
🕐 10:00-19:00（週一至週五）
　　10:00-20:00（週六至週日，週二公休）

昔日的臺中刑務所官舍群園區，2004 年登錄為歷史建築，2023 年由文化部指定成為「國家漫畫博物館」。盤點自 1903 年後陸續興建的臺中刑務所宿舍，包含奏任官舍、判任官舍等，材質從木造加磚造、木造、加強磚造都有，是臺中市區少數完整保存不同階層及型態的官舍地點，如今更進化成新穎策展空間，古今交融，帶來更多元豐富的可能。

→ PART2 踏尋時代軌跡

文化景點

臺中 TAICHUNG

→ 從銀座通到中正路：重返 1945 之前，老屋與檔案組成的非日常行旅路線

美食提案

林之助紀念館

📍 臺中市西區柳川西路二段 158、162 號

🕐 11:00-17:00（週日至週一公休）

柳川旁的原臺中師範學校教職員宿舍，在 1946 至 2006 年曾是膠彩畫家林之助的住處及教學場所。他提出了以材質命名的膠彩畫，取代原日本氣息濃厚的「東洋畫」概念，讓此創作手法在政權轉移時免去被禁止的命運；1985 年，他受蔣勳之邀於東海大學開授膠彩畫課程，奠定膠彩畫教育根基，被譽為臺灣膠彩畫之父。展場除保留林之助的起居空間，亦展出複製畫，並作為小型活動空間之用。

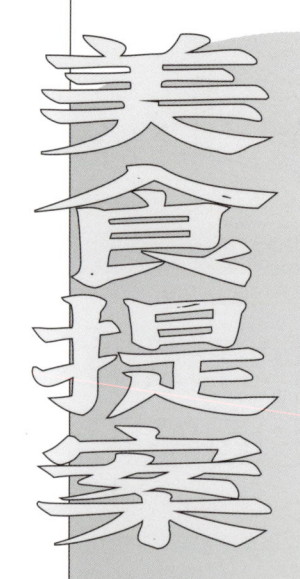

美食提案

Hello Vietnam 河內美食成功店

從越南河內遠嫁臺中的斐子晴，成功將臺灣的越南餐館推上必比登殿堂。店內美食以米線拼盤最經典，米線蘸蝦醬配上炸豆腐，再加入豬腳、血腸，色香味俱全。

📍 臺中市中區成功路 92 號
📘 Hello Vietnam 河內美食成功店
🕐 10:30-20:30

新太陽堂餅店

延續記憶裡老臺中的太陽餅味道，使用自製豬油、豆沙餡、油蔥酥製作傳統糕點，除經典太陽餅，保有麥芽甜味與大餅鹹香的鹹蔥餅等，也口味誘人。

📍 臺中市中區自由路二段 51 號
📘 新太陽堂餅店
🕐 09:00-21:00

龍川冰菓室

傳承六十年的龍川冰菓室夏日限定，一日只營業四小時。店內木瓜牛奶味道醇厚，塗有自製果醬的烤土司酥軟綿香，紅豆煉乳牛奶冰更是嗜甜者的最愛！

📍 臺中市中區中華路一段 96 號
📘 龍川冰菓室
🕐 營業時間依店家公告

蚵仔粥

主打蚵仔粥、肉粥跟綜合粥，輔以各式炸物拼盤，品質新鮮份量驚人，厚切紅燒肉尤其是老饕最愛，不到用餐時間，就湧入追逐古早味的人潮。

📍 臺中市西區樂群街 80 號
📘 第五市場蚵仔粥
🕐 09:00-20:00（週一公休）

港伯梅仔冰

冰沙、愛玉加上一顆店家自製的梅子或李子，就是港伯梅仔冰營業八十年的祕訣，沒有譁眾取寵，只有單純的好滋味。炎炎夏日來一碗，生津止渴，洗去全身暑氣。

📍 臺中市西區自治街 24 號
🕐 10:00-18:00（週一公休）

→ PART 2 踏尋時代軌跡

嘉義
CHIAYI

重現桃城消逝光影

消逝光影 重現桃城

文／林育正

今日的嘉義市，位於清代諸羅縣的範圍內，又稱桃城，是舊時臺灣最早發展的城市之一。建城三百餘年，是南臺灣第三大城，走過清領建城、日治鐵道、林業和藝文興盛，卻因戰亂與文資保存觀念不足，許多歷史建築縱使躲過天災，卻也難逃人禍拆除的命運。當舊時代繁盛漸漸消逝在人們腦海，透過史料、文獻與遺跡實地踏查，讓嘉義昔日風景透過想像活了過來，也吸引著人們找到桃城的往日風華。

MAP　→　從銀座通到中正路：重返 1945 之前，老屋與檔案組成的非日常行旅路線

嘉義
CHIAYI

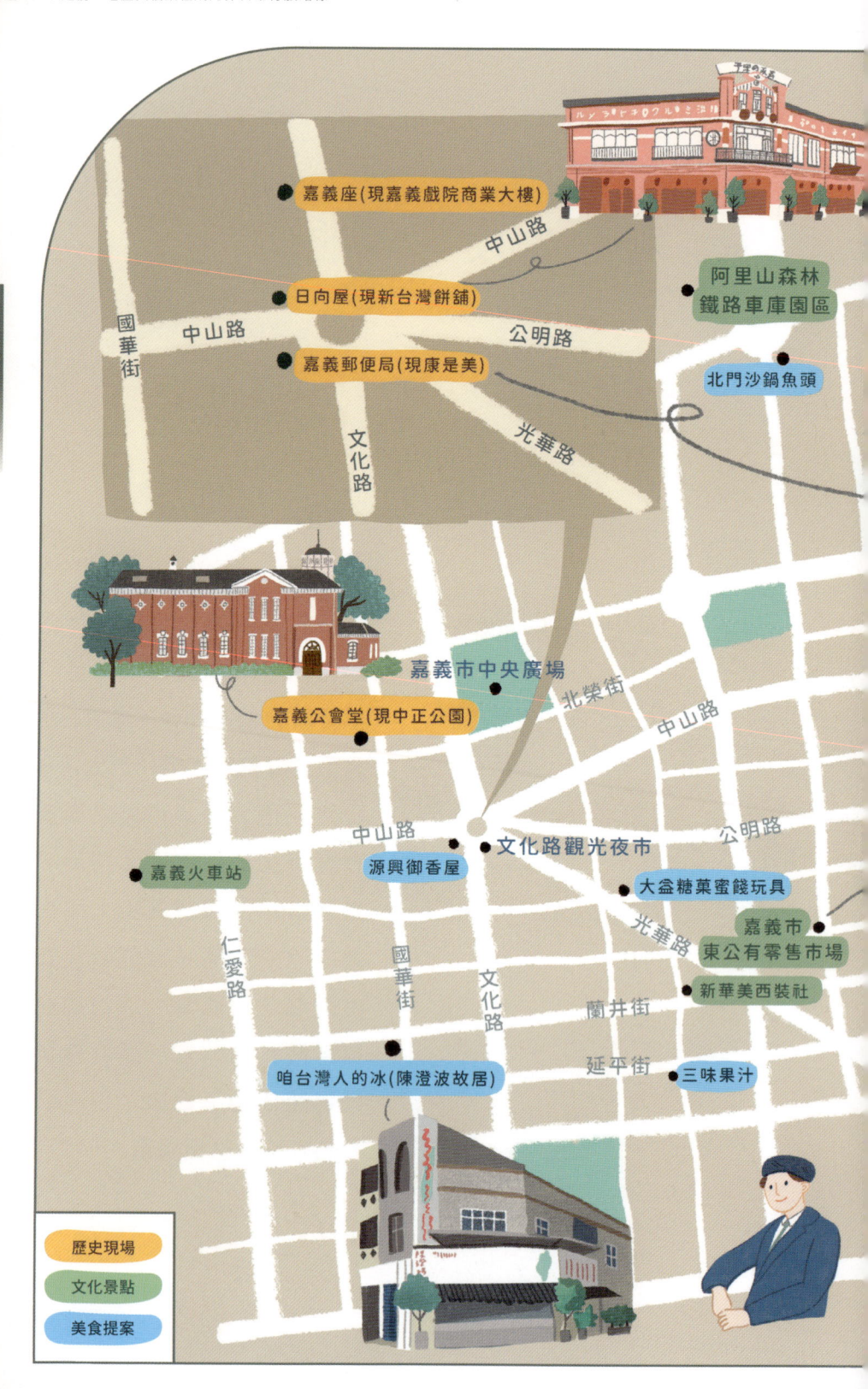

一日時空散步路線
↓

09:00
嘉義火車站

09:50
日向屋(現新台灣餅舖)

10:00
嘉義郵便局(現康是美)

10:20 點心
源興御香屋

10:30
嘉義座(現嘉義戲院商業大樓)

11:00
嘉義公會堂(現中正公園)

11:30 點心
大盒糖菓蜜餞玩具

12:00
嘉義市東公有零售市場

12:30 午餐
新華美西裝社、三味果汁

14:00
阿里山森林鐵路車庫園區

17:30 晚餐
北門沙鍋魚頭

19:00 點心
咱台灣人的冰(陳澄波故居)

地圖標示：
- 嘉義座(現嘉義戲院商業大樓)
- 日向屋(現新台灣餅舖)
- 阿里山森林鐵路車庫園區
- 嘉義郵便局(現康是美)
- 北門沙鍋魚頭
- 嘉義市中央廣場
- 嘉義公會堂(現中正公園)
- 文化路觀光夜市
- 嘉義火車站
- 源興御香屋
- 大盒糖菓蜜餞玩具
- 嘉義市東公有零售市場
- 新華美西裝社
- 咱台灣人的冰(陳澄波故居)
- 三味果汁

街道：中山路、公明路、光華路、文化路、國華街、北榮街、仁愛路、蘭井街、延平街

圖例：
- 歷史現場
- 文化景點
- 美食提案

- 90 -

民權路

嘉義公園

國立嘉義高級
商業職業學校

嘉義市史蹟資料館

嘉義公園射日塔

新生路

公園街

→ PART2 踏尋時代軌跡

歷史現場
嘉義 CHIAYI

→ 從銀座通到中正路：重返 1945 之前，老屋與檔案組成的非日常行旅路線

飄香桃城百餘年
日向屋
現新台灣餅舖

📍 嘉義市西區中山路 294 號
🕐 08:30-21:30

新台灣餅舖在日治時期有個可愛的名字「日向屋」，由吉田秀太郎先生所開設，創立於 1901 年，是經濟富裕的人家極愛拜訪的場所，店裡不僅供應著傳承世代的知名「神木羊羹」，還有招牌傳統糕點「桃仔尾酥皮餅」、佈滿糖霜的「浮雪餅」等，更是曾被上呈提供給昭和天皇的伴手禮。

二戰結束後，接手吉田秀太郎生意的外甥小林幸太郎返回日本，他將店面交給了得力的手下盧福。然而，日向屋及其鄰近的許多店家，卻被國民黨以「轉帳」

1929 年日向屋改建為巴洛克式建築。

1901 年創立的日向屋，當時仍為木造建築。

- 92 -

方式取得。盧福只能轉向國民黨承租店面，並以「新台灣餅舖」的名義重新開市，直到 1963 年，盧家才正式將商店買下。

不料，正式買回日向屋的隔年，白河大地震發生，嘉義市區祝融肆虐，這場火災也把原本日向屋建築燒成灰燼。儘管經歷重重考驗，盧家仍努力重建，並將自家手作糕餅帶到國際參加賽事，鑽研日式點心、製作中式糕餅，也請來日本師傅調整和菓子口味，逐漸打出名號，直到今日，依然是嘉義重要的代表名店。

承襲日向屋精神的新台灣餅舖。

電影《KANO》場景
嘉義郵便局
現康是美

📍 嘉義市西區中山路 319 號

清領時期的嘉義城狀似桃子，今日嘉義市中央噴水池圓環一帶位於城池末端，古稱「桃仔尾」，從清代劉銘傳開辦郵政業務至今已有 120 餘年歷史。郵政業務到了日治時期因工商發達越發繁茂，從 1895 年日軍進駐嘉義，

郵便局座落中央噴水池旁，人們漫步、孩童戲水，氣質恬淡典雅。

→ PART 2 踏尋時代軌跡

歷史現場

嘉義 CHIAYI

→ 從銀座通到中正路：重返 1945 之前，老屋與檔案組成的非日常行旅路線

在總爺街（現嘉義圓環旁第一銀行以東一帶）設立「第八野戰郵便局」，次年改稱嘉義郵便局，1910 年在對街興建了第二代的嘉義郵便局。

第二代嘉義郵便局僅使用了 27 年餘就因業務蓬勃發展，造成工作空間不足，在 1937 年左右搬遷到現在文化路上的第三代嘉義郵便局。而原本的第二代嘉義郵便局，在戰後被嘉義縣縣黨部使用，建築本體如今也早被拆除，典雅大氣的模樣只能徒留在相片裡。

第二代嘉義郵便局的原址，現為康是美。

從繁榮到破敗
嘉義座
現嘉義戲院商業大樓

📍 嘉義市西區文化路 155-70 號

1901 年，日本政府決定對殖民地展開懷柔教化，邀請臺灣電影推手高松豐次郎來臺播放電影，以此推廣政令和現代化價值觀等，之後，他經常往返臺灣各地展開巡演，而第一代嘉義座劇院的誕生，也是由高松豐次郎投資興建。1

嘉義座 1909 年完工啟用，是一處戲劇和電影輪檔的混合性戲院。1927 年，第一代嘉義座毀於火災，不得不遷址到現在的文化路，而第二代嘉義座建築以混凝土為材料，約可容納約八百人，為市內具代表性的現代劇院。戰後國民政府來臺，日人所持有

第一代嘉義座毀於火災，第二代嘉義座以混凝土興建。

的電影院多數由黨營事業「中影」接收，嘉義座（後更名嘉義戲院）也不例外。起初嘉義座放映的電影以西片為主，1959 至 1963 年中西電影皆有播映，1964 年後則專門播放「國語電影」，販賣電影票與周邊商品的收入，自然也成為黨國的收益之一。

命運多舛的是，嘉義戲院 1979 年間再次遭到火神肆虐，中影於是與地方人士合作，改建成「吉統百貨」，四到八樓為中影所有，其中四到六樓為嘉義戲院，七、八樓雖以住房名義登記，但是根據在地嘉義人記憶，其中還有西餐廳、MTV、三溫暖，地下室則有現代百貨不可或缺的美食街。然而，改建後又因產權持有複雜等種種問題，造成無法移轉土地權，買賣糾紛嚴重。最後中影也因經營無方，嘉義戲院於 1993 年被迫關門，使得大樓走向破敗一途。

現在的嘉義座舊址，讓人難以想像當初的繁盛。

消逝的日治遺產
嘉義公會堂
現中正公園

📍 嘉義市西區北榮街 115 號

嘉義公會堂灰色屋瓦與磚紅建築相當雅緻，在戰後改名為中山堂，1948 年曾被票選為嘉義八大勝景之一，稱「康樂暮鼓」。

日治時期的「嘉義公會堂」，是一棟磚造非對稱性的歐風建築，入門處設有凸出式的玄關，共開三面拱門，後有一處八角望樓，使典雅的建築型態流露一絲活潑。公會堂的設計理念取自古羅馬巴西利卡，希望公共建築能夠凝聚市民，成為陶冶藝術、精神哲思和政治生活的集會之地。

PART2 踏尋時代軌跡

歷史現場

嘉義 CHIAYI

從銀座通到中正路：重返 1945 之前，老屋與檔案組成的非日常行旅路線

嘉義公會堂作為地方藝文中心，不僅舉辦過如知名畫家陳澄波、林玉山的展覽，也曾促成嘉義第一支學生管樂隊的誕生。光復後，公會堂被國民政府接收改名為「中山堂」，持續為政府進行政策宣教之用。據地方民眾回憶，此處曾是婦女會、民眾服務站、舊警總的據點，二二八事件期間，更是外省人的收容保護所。

1989 年，時任嘉義市長的張博雅決定拆除公會堂建築，並將基地改建成「中正公園」，曾經風華絕代的公會堂優雅身影最終化為塵土，後人只能在照片中念想。

中正公園內有臺灣首位女性地方政治首長，有「嘉義媽祖婆」之稱的許世賢銅像。

嘉義公會堂舊址現在已成為嘉義中正公園。

文化景點

嘉義火車站

📍 嘉義市西區中山路 528 號

1933 年第二代嘉義火車站落成，有著挑高環樑與高窗透光設計，被譽爲全島第一時髦的鋼筋混凝土造火車站，集臺鐵、糖鐵、林鐵機能於一身，銜接縱貫線，更是阿里山林鐵延伸至市區的交會站。然而，嘉義火車站前，卻也是二二八事件期間公開槍決市民的侵害人權現場，當時警民衝突不斷，二二八事件處理委員會曾試圖與軍方協商，卻在前往談判時遭到逮捕，並將地方仕紳分三批押送至火車站前公開處決，寫下歷史之殤，也讓雅緻的車站成爲不義遺址，蒙上了一層陰影。

嘉義市東公有零售市場

📍 嘉義市東區忠孝路、光彩街口
🕐 05:30-18:00

嘉義人的美食廚房，販售各式小吃和民生必需品，從祭祀糕點、紅白事用品等無一不包。清領時期的東市場僅是一個臨時市集，客群以縣衙官員、親眷及進香信衆爲主；日治時期以檜木爲材重新整頓，建築自 1914 年啟用至今，歷經多次天災與戰亂損毀仍屹立不搖。造訪其中，能品嘗到牛雜湯、排骨酥等美食，加上附近就是城隍廟、紅毛井（蘭井）等景點，想親近嘉義日常，絕不能錯過。

→ PART2 踏尋時代軌跡

文化景點

嘉義 CHIAYI

→ 從銀座通到中正路：重返 1945 之前，老屋與檔案組成的非日常行旅路線

新華美西裝社

📍 嘉義市東區成仁街 80 號
🕐 11:00-17:31（不定期公休）

1957 年開業，過去嘉義最知名的西服店之一，走過一甲子光陰，如今老屋新生成為日式甜點店。店名沿用過去西裝社的名字，不僅提供可口的糯米糰子、和風咖哩飯，也保留完整的舊時代老宅建築形制，展示昔日布架、布標等物品，充滿復古風情。

阿里山森林鐵路車庫園區

📍 嘉義市東區林森西路 2 號
🕐 08:00-18:00

1912 年阿里山森林鐵路開通，帶動林業開發，現園區內靠近嘉義市立文化中心的位置，過去除了有森林鐵路通過，還設有東南亞最大製材廠。而總面積達 16 萬多坪的五個貯木池，主要貯存珍貴阿里山檜木，貯木池也被稱「檜池」。由於貯木池四周樹木茂密，加上檜木飄香，人們很喜歡在池水林邊垂釣。1948 年嘉義市長宓汝卓召集地方文人雅士評選嘉義新八景，「檜沼垂綸」便是其一。現因阿里山林業萎縮，舊貯木池多已填平，僅有香湖公園、文化中心和救國團內有貯木池的遺存，供人們觀賞。

美食提案

源興御香屋

說起飲料店，「源興御香屋」絕對是嘉義手搖飲霸主，招牌葡萄柚綠茶和柳丁綠茶果肉滿滿，加上一顆話梅更是畫龍點睛，獨特風味在飲料一級戰區穩占寶座。

- 嘉義市西區中山路 321 號
- 源興御香屋
- 10:00-20:00（週三至週五）
  10:00-21:00（週六）
  10:00-20:30（週日）

大益糖菓蜜餞玩具

傳統柑仔店回憶的美好集合，滿山滿谷的糖果、復古的抽抽樂掛在梁上，除了與時俱進的新式零食，傳統祭祀用的糖盞、糖塔，尪仔標也有販售，懷舊又經典。

- 嘉義市東區中正路 354 號
- 大益糖菓店
- 08:00-20:00（週一至週六）
  08:30-12:00（週日）

三味果汁

五十年代從賣檸檬冰起家，為了做出市場區隔，又加入了木瓜與鳳梨的特殊品項，甚至因此申請專利。店內至今仍保留當年訂做的特製果汁機，作為延續一貫傳統獨特風味的見證。

- 嘉義市東區成仁街 85 號
- 羅山三味果汁
- 09:30-22:00

北門沙鍋魚頭

嘉義近年最火紅的沙鍋魚頭，大白菜、木耳、扁魚在豬骨高湯中熬煮，散發馥郁鹹香，搭配特製沙茶醬與肉質肥美的鰱魚頭，鮮美湯頭再配一碗鴨肉飯，幸福滋味讓人難忘。

- 嘉義市東區忠孝路 284-1 號
- 北門沙鍋魚頭
- 15:00-20:30（週一公休）

咱台灣人的冰（陳澄波故居）

陳澄波後代搬離故鄉後，將老家租給冰店經營。香甜軟Q的蜜地瓜是招牌配料，加入桂圓的糖水香氣厚實，對口味的堅持，似乎也延續了那份對土地的熱愛。

- 嘉義市西區蘭井街 249 號
- 咱台灣人的冰
- 12:40-20:30（週三公休）

→ PART2 踏尋時代軌跡

PART3
尋覓古城風華

臺南㈠・臺南㈡

中西區圖書館

四春園旅館

臺南㈠

遇見府城前世今生

TAINAN

文／林必修

臺南市中西區是漢人移民在臺灣本島最早開發的區域。其中西門町一帶，隨著明治末期都市發展，先後有不少劇場落腳於此，包含宮古座，加上周遭的田町新興區域出現世界館等戲院，使得這一帶更為繁榮，臺南市也成為臺北以外最多戲院的城市。昭和時期，還有酒樓遷移至此，繁華更延伸至末廣町。劇場、戲院、酒樓林立，彷彿不夜城，人們在此匯聚，享受娛樂等。讓我們穿梭大街小巷，悠遊在歲月交會的時空中，感受古城特有的生活況味。

MAP

→ 從銀座通到中正路：重返 1945 之前，老屋與檔案組成的非日常行旅路線

臺南 TAINAN ①

一日時空散步路線

↓

09:30 早餐
榕仔林阿全碗粿

10:00
臺南愛國婦人會館
（現文創 PLUS– 臺南創意中心）

11:00
臺南放送局（現南門電影書院）

12:00 午餐
福記肉圓總店、莉莉水果店

13:30
司法博物館

14:00
實踐堂（現南美里活動中心）

14:30
湯德章故居

15:00
世界館（現湯姆熊歡樂世界）

15:30 點心
沙卡里巴市場

16:00
戎館（現黑橋牌食品）

17:00
西市場

17:30
宮古座（現眞善美劇院）

18:30 晚餐
阿瑞意麵

神農街
民族路三段
民權路三段
西園
河樂廣場
康樂街
沙卡里巴市場
海安路一段
戎館（現黑橋牌食品）
中正路
阿瑞意麵
西市場
宮古座（現眞善美劇院）
世界館（現湯姆熊歡樂世界）
西門路二段
湯德章故
永華路一段
藍晒圖文創園區
水萍塭公園
西門路一段

- 歷史現場
- 文化景點
- 美食提案

- 104 -

- 赤崁樓
- 臺南祀典大天后宮

民權路二段
忠義路二段
公園路
民生路一段

- 臺南火車站

北門路一段

- 臺南市消防史料館
- 湯德章紀念公園

青年路

- 臺南市中西區圖書館暨二二八紀念館

南門路

- 踐堂(現南美里活動中心)
- 司法博物館
- 樸仔林阿全碗粿
- 福記肉圓總店
- 莉莉水果店
- 臺南愛國婦人會館(現文創PLUS—臺南創意中心)

開山路
大同路一段

南門公園

- 臺南放送局(現南門電影書院)

樹林街二段

→ PART3 尋覓古城風華

- 105 -

歷史現場

臺南 TAINAN ①

→ 從銀座通到中正路：重返 1945 之前，老屋與檔案組成的非日常行旅路線

近代最早婦女團體
愛國婦人會館
現文創 PLUS － 臺南創意中心

📍 臺南市中西區府前路一段 197 號
🕘 09:00-17:00

愛國婦人會是日本戰時主要的婦女團體之一，戰爭時期撫卹慰問軍眷遺族、照顧傷殘士兵；後也逐漸從事各種社會服務，在各地設立診療所、幼稚園，也推廣女子教育，開辦女子夜間講習會。

愛國婦人會館作為市立圖書館中區分館時期，外牆被漆上藍色油漆。

總部設於臺北，參與成員多為地方仕紳、達官顯要的女眷；其臺南支部（愛國婦人會館）建築興建於 1940 年，建築物包括北棟本館和南棟宿舍，中央由一廊道相連，供婦人會及日本赤十字社臺灣支部使用。為因應使用機能，採日本和洋風住宅型態，而非一般公共建築常見的古典樣式。

- 106 -

戰後，愛國婦人會館曾短暫作為南區區公所，身為南區首任區長的湯德章，也曾經在裡頭辦公過。後來，各地之愛國婦人會均移交紅十字會，1946 年，國民黨臺南市黨部以無辦公處所之名義，向臺南市政府請求「撥借」愛國婦人會館作為臺南市黨部，國民黨省黨部亦曾試圖透過轉帳將產權轉移至其名下。臺南市黨部於 1948 年又將愛國婦人會館租予美國大使館新聞處（以下稱美新處），致使房屋產權糾紛，經紅十字會抗議與兩年多的交涉，國民黨撤出，政府將會館「不定期無償撥借給紅十字會」作為對紅十字會的補償，才得以平息糾紛 ❶；而愛國婦人會館仍出租美國新聞處使用，並設有一圖書館。

臺南美新處於 1970 年發生爆炸案。當時有一名就讀成大化工系的馬來西亞僑生陳欽生，經常去美新處圖書館看書，後來竟然被調查局指控為主謀之一，歷經逾兩週殘酷刑求，並逼供誘導寫下假自白書，最後被判刑 12 年。❷

1979 年臺美斷交，美新處撤離，將藏書捐給臺南市府，空間又在紅十字會與市府合作下，被規劃成「臺南市立圖書館中區分館」。1998 年建築被指定為市定古蹟、2001 年圖書館遷出，經多年整建，現以「文創 PLUS—臺南創意中心」的身分重新活躍於世人眼前。

日治時期的愛國婦人會館。

→ PART3 尋覓古城風華

歷史現場

→ 從銀座通到中正路：重返 1945 之前，老屋與檔案組成的非日常行旅路線

臺南 ①
TAINAN

從廣播到電影基地
臺南放送局
現南門電影書院

📍 臺南市中西區南門路 38 號
🕐 10:00-12:30，13:30-17:30（週一公休）

　　走進南門公園，目光總是會被古色古香的「南門電影書院」吸引。這座市定古蹟建築落成於 1932 年，外牆貼上鵝黃色系面磚，深色面磚為窗框，並非一般公共建築常見的對稱外型，也不強調紀念性，反而像是帶有現代元素的洋風住宅 ③。

南門電影書院前身為日治時期的「臺南放送局」，放送局即廣播電臺。彼時民眾若想要收聽廣播節目，必須向放送協會提出收音機登記，繳納月費才能使用；有些都市之公園也設有播音亭。

日治時期的臺南放送局。

臺南放送局開局不久，為了吸引臺灣人收聽，打算在晚間播放臺灣音樂，還曾刊報徵求民眾提供南北管唱片 **4**。除了播報氣象、日用品價格以及南部新聞，臺南放送局亦播報政府官員如臺南州知事的政令演講。一年後，臺南放送局已有四千多名聽眾 **5**。

1945 年國民政府接收，臺南放送局由中廣接管，易名為中央廣播事業處理處臺灣廣播電臺臺南臺，公司化後再改名為中國廣播公司臺南廣播電臺，直到 1997 年因為都市重劃，中廣臺南臺遷出大南門公園。2001 年建築被指定為市定古蹟，經過十年修復，臺南市政府特別委請國立臺南藝術大學音像藝術學院成立「臺南市南門電影書院」。如今的它，不僅是影視推廣教育、電影放映與電影協拍基地，一般民眾也可來此觀賞主題影展，探索相關電影檔案及文物、了解修復黑膠工作等，成為擁有嶄新靈魂的創意互動平臺。

PART3 尋覓古城風華

歷史現場 臺南 ① TAINAN

→ 從銀座通到中正路：重返 1945 之前，老屋與檔案組成的非日常行旅路線

被占用的神社遺址
實踐堂
現南美里活動中心

📍 臺南市中西區府前路一段 258 號

里民活動中心一直是連結社區的重要據點，鮮少人知的是，部分空間也蘊藏著歷史記憶，如南美里活動中心，曾是清咸豐年間，富商吳尙霑所建的林園，名為「宜秋山館」。1895 年，其後代吳汝祥將此提供給生病的北白川宮能久親王*休養，數日後親王病逝，日本政府於 1900 年將南側廂房闢建為「御遺跡所」，並增建神門、拜墊、圍籬等設施，用以祭祀並保留能久親王遺物。1920 年，又於御遺跡所東側另建神社，增建鳥居、參道、石燈籠等，五年後，神社升格為「官幣中社臺南神社」，為臺灣唯二的官幣社之一，地位僅次於臺北的臺灣神宮。

1975-1976 年街景，右側長型建築物為電影院實踐堂。

官幣中社臺南神社。

二戰後，臺南神社於 1946 年改建為忠烈祠。1956 年，臺南市組成「臺南市介壽堂暨民眾服務處籌建委員會」，在神社旁另建介壽堂及民眾服務處各一座。當時建物仍屬公產，卻被國民黨作為市黨部占用，而介壽堂也一度被國民黨出租，經營為「實踐堂電影院」。

1988 年，市議員向市府抗議國民黨臺南市黨部使用市有地，1995 年國民黨撤出實踐堂及原本應屬於民眾服務處的建物，南美里活動中心因而誕生，而今實踐堂部分仍維持原有外觀，成為時代更迭的印記。

* 日本幕末時期至明治時代皇族，甲午戰爭後率領接收臺灣，後逝世臺灣。

PART3 尋覓古城風華

歷史現場

→ 從銀座通到中正路：重返 1945 之前，老屋與檔案組成的非日常行旅路線

臺南 TAINAN ㊀

令人驚豔的新式娛樂場
世界館
現湯姆熊歡樂世界

📍 臺南市中西區中正路 239 號

「世界館」是日治時期臺南的著名戲院，最初倡設者為澤田三郎（矢野嘉三），因有感於臺南市內缺乏專映電影的常設館，向當局爭取三年之久❻。後在經營臺北世界館的古矢家族企業出資下，1930 年臺南世界館於臺南市田町（今臺南市中正路過西門路以西）落成，由古矢純一擔任館主，矢野嘉三擔任經營者❼。世界館所在位置處於當時臺南繁華的末廣町西向延伸地帶，是新興的現代商業區域。

世界館為混凝土磚造二層樓建築，可容納約六百位觀眾，造型以直線條為主，接近現代主義風格，是臺南首間歐式建築的電影院。場館有冷氣設備，也是全臺第一間新建時即有椅子席（數人合坐之長木椅）的電影館，入內不需脫鞋，世界館從建築樣式到觀影經驗都體現了摩登的現代化特徵。而館內主要放映西洋及日本映畫❽，雖然無演劇活動，但偶爾有歌曲演唱演奏活動，如 1931 年，世界館舉辦凱薩琳女史與村橋氏音樂演奏會，著名的歌星李香蘭也曾於 1941 年至臺灣巡迴演唱時，至世界館演唱。

戰後，臺南世界館先由行政長官公署宣傳委員會接收，後在國民黨要求下，移交給國民黨省黨部接管❾，再轉由中影經營，並改名為「世界戲院」運作。1956 年，中影透過轉帳取得土地。1968 年中影公司將土地出售，世界戲院建物也已經拆除，現址為「湯姆熊遊樂世界」，持續以不同型態和主題為人們帶來歡笑。

臺南世界館一景，戲院上有「東寶映畫上映館」的招牌，以及當時李香蘭登臺公演的廣告。

外觀宛如歌舞伎座
宮古座
現真善美劇院

📍 臺南市中西區西門路二段 120 號 4 樓
ⓕ 台南真善美戲院

1928 年落成，宮古座位於臺南市西門町（今西門路一帶），就在甫開幕第四年的西市場對面 ❿，亦鄰近新興的商業區末廣町。空間由「宮古座劇場株式會社」經營，成員們皆為當時臺南市重要商界要角與日本實業家們 ⓫。宮古座參考了當時日本本島劇場設計，共四百坪的兩層樓建物，以寺殿建築樣式、外部採鋼筋混凝土磚造結構，設計上則仿效東京歌舞伎座 ⓬，風格與當時臺灣許多城市興建的歐式電影院相當不同 ⓭。

《臺南市大觀》中的宮古座照片，當時正上映電影《乾隆遊江南》。

歷史現場

臺南 TAINAN ①

→ 從銀座通到中正路：重返 1945 之前，老屋與檔案組成的非日常行旅路線

宮古座內部為木造日本式宅邸，可容納 1,500 名觀眾 [14]，其座位為榻榻米，需脫鞋另外租座墊跪著看戲，也因此得到與臺語發音相近的「艱苦座」別稱，直到 1939 年才休館將座位改造成椅子席 [15]，呼應電影放映比例逐漸增加的趨勢。根據臺南文人醫生吳新榮日記闡述，當時宮古座活動多元，除了電影，甚至還有朝鮮舞姬崔承喜的現代舞發表會與魔術表演。

戰後，宮古座先由行政長官公署宣傳委員會接收，後在國民黨要求下，移交給國民黨省黨部接管 [16]，再轉由中影經營。1946 年改名為「延平戲院」；1973 年間，中影先向臺南市政府租用土地 [17]，三年後購入。1979 年中影與建設公司聯合將該地改建為 11 層的「延平商業大樓」，內營戲院與百貨後在 1980 年代歇業。後由「臺南真善美劇院」進駐，然而在 2024 年八月，臺南真善美劇院宣布因大環境因素而落幕。

宮古座現為真善美劇院，並於 2024 年八月宣布歇業。

- 114 -

文化景點

司法博物館

📍 臺南市中西區府前路一段 307 號
📘 國定古蹟臺南地方法院
🕘 09:00 -17:00（週一公休）

現為「司法博物館」的國定古蹟臺南地方法院，是全臺現存歷史最悠久的大型法院建築，設計出自總督府技師森山松之助之手，被譽為日治時期臺灣三大建築之一。經修復後，現在除了文物展示、司法主題展覽，也能體驗拘留室、模擬法庭等空間，而每日限額的貓道導覽，則可探尋舊時維修屋頂使用的木棧道，欣賞建築結構。

湯德章故居

📍 臺南市中西區友愛街 115 巷 11 號

湯德章律師是臺南二二八殉難先烈，2020 年其故居因所有權轉移面臨拆除，由臺南市文化資產保護協會、湯德章後代家屬、莉莉水果文化館，三方共同組成「紀念館民間推動小組」發起群眾募資購得建物產權，加以整修並對外開放，傳遞湯律師生平事蹟。2023 年臺南市政府更進一步推動場館設施優化，預定完工啟用後，將作為「湯德章紀念館」永續經營。

→ PART3 尋覓古城風華

文化景點

→ 從銀座通到中正路：重返 1945 之前，老屋與檔案組成的非日常行旅路線

臺南 TAINAN ㊀

戎舘

現黑橋牌食品

- 臺南市中西區中正路 220 號
- 戎舘 Yebisu Kan
- 10:00-20:00

戎舘前身為「戎座」*，位在臺南田町、世界館對面。於 1935 年初開幕的新戎舘為水泥磚造、樓高兩層，建坪 481 坪，可容納約 1,200 名觀眾。以上映中國電影為主，兼放其他類型電影，也演出中國戲曲、臺灣歌仔戲，皇民化運動後，多放映洋片或日片。1944 年臺人鍾樹欉成為經營者，戰後戎舘改名「赤崁戲院」。到了 1963 年，黑橋牌購置赤崁戲院房舍作為門市，為保有舊建築軌跡，2020 年將建物外觀翻修成近似日治時期原貌，二樓規劃為展覽空間，注入戲院空間元素，亦不定時安排特展。

*1928 年戎座為宮古座所併購。

西市場

- 臺南市中西區西門路二段、正興街口

當地人俗稱「大菜市」，位於舊時的西門町，第一代木造西市場建於 1905 年，後因風災損毀在 1920 年重建，其屋頂為馬薩風格，外觀設置了老虎窗，入口則有圓山牆，是臺灣第一座公設市場，也是日治時期全島年營業額第三大的市場。攤位包含蔬果、魚肉攤、雜貨、飲食舖等。戰後，西市場發展為臺南最大的服裝、布料市場，並在 2003 年被列為市定古蹟保存。

- 116 -

美食提案

檨仔林阿全碗粿

傳承四代的百年府城老味道，著名的「黑碗粿」在米漿裡放入紅蔥肉燥，加入香菇、瘦肉和蝦仁等，以實在用料創造不凡的美食小宇宙，吃完再來碗熱呼呼虱目魚羹，元氣滿滿。

- 臺南市中西區府前路一段 279 號
- 06:00-18:00（週一公休）

福記肉圓總店

持續飄香四十年的在地人推薦老店，招牌清蒸肉圓裹上蒜蓉醬，外皮軟嫩，肉餡口感紮實的美味，一口咬下超級滿足。

- 臺南市中西區府前路一段 215 號
- 06:30-18:00（週一公休）

莉莉水果店

老字號臺式冰果室，點一碗新鮮消暑的水果刨冰，加上一盤道地的番茄切盤佐獨門蘸醬，臺南獨有的酸甘甜一次享有。

- 臺南市中西區府前路一段 199 號
- 莉莉水果店
- 11:00-22:00（週三公休）

沙卡里巴市場

流傳百年的特殊市場名稱，源於日文「盛り場」，自日治時期開始就是著名的飲食、娛樂、成衣買賣市集。來到近代，這裡也是小吃棺材板的發源地，更是連續兩屆國宴菜色入選店家「榮盛米糕」的經營據點，街區臥虎藏龍，朝聖人潮絡繹不絕。

- 臺南市中西區友愛街 206 巷 6 號（康樂市場）
- 10:00-18:00

阿瑞意麵

傳承四代的百年老店，經典搭配是乾意麵加上餛飩魚丸湯，意麵每天現擀現炸，淋上肉燥再鋪上兩片瘦肉，還有豆芽菜解膩；餛飩丸子也是當日現做，餛飩飽滿，魚丸脆口，湯裡添加冬菜韭菜珠提味，十分清爽。

- 臺南市中西區國華街三段 27 號
- 08:00-21:00（週二公休）

PART3 尋覓古城風華

臺南㈡

TAINAN

點亮古都記憶幽光

文／林必修

現在的臺南市中西區中正路和忠義路交會處，是日治時期的末廣町，街區由臺灣總督府地方技師——梅澤捨次郎所設計，是臺南市第一條經整體規劃之市街，充滿時代新興氣息。且由於末廣町是最為鼎盛的商業街廓，因而有著「臺南銀座」稱號，經過百年歲月流逝，過去佇立於末廣町的百貨、商家、腳踏車店如今又是什麼樣貌？昔日位處周邊的高級旅館和報社分別又經歷了何種變遷？讓我們再進一步探索，打開臺南府城的風華紀事。

MAP → 從銀座通到中正路：重返 1945 之前，老屋與檔案組成的非日常行旅路線

臺南
TAINAN 日

一日時空散步路線
↓

10:00 早餐
郭家粽

10:30
銀座通五福商店

10:50
福井治雄商店臺南支店
（現南安藥房）

11:00
林百貨

12:00
臺南安海街御舍營所址紀念碑

12:15 午餐
無名米糕、芳苑冰棒

13:30
國立臺灣文學館

14:00
臺南市中西區圖書館
暨二二八紀念館

14:40
臺南市消防史料館

15:20 點心
奉茶・十八卯

16:10
四春園旅館（現屈臣氏）

16:50
B.B.ART

17:30 晚餐
阿霞飯店

19:00
臺灣日報社（現國賓大樓）

地圖標示：
- B.B.ART
- 臺南市消防史料館
- 臺南市中西區圖書館暨二二八紀念館
- 國立臺灣文學館
- 民權路二段
- 銀座通五福商店
- 中正路
- 福井治雄商店臺南支店（現南安藥房）
- 臺南安海街御舍營所址紀念碑
- 友愛街
- 郭家粽
- 林百貨
- 臺南市美術館二館
- 司法博物館

圖例：
- 歷史現場
- 文化景點
- 美食提案

- 120 -

臺灣日報社(現國賓大樓)

臺南火車站

四春園旅館(現屈臣氏)

奉茶.十八卯

霞飯店

民族路二段

北門路一段

公園路

民權路一段

無名米糕

青年路

芳苑冰棒

南孔廟

南門路

開山路

→ PART3 尋覓古城風華

- 121 -

歷史現場 臺南 ② TAINAN

→ 從銀座通到中正路：重返 1945 之前，老屋與檔案組成的非日常行旅路線

腳踏車商締造連鎖傳奇
福井治雄商店臺南支店

現南安藥房

📍 臺南市中西區中正路 50 號

「福井治雄商店」是一間代理、販售腳踏車的商店，本店位於臺北大和町，在基隆、臺中、臺南都設有分店。老闆福井治雄是廣島縣福山市人，生於 1890 年。

日治時期，臺灣的腳踏車幾乎仰賴日本進口，尚無自造品牌，福井治雄商店代理販售的品牌相當多元，包括肯特號腳踏車、臺日號腳踏車、堅耐度號（ケンネット）腳踏車、「槍矛號」（スピアー號）腳踏車等。1935 年，福井治雄商店參與「始政四十周年紀念臺灣博覽會」，獲得優良牌受賞。

右側第二間為福井治雄商店。

二戰期間福井治雄商店臺南支店遭盟軍轟炸破壞，曾任店員的葉姓民眾偕友人吳姓民眾投入鉅資修繕，1946 年向政府承租，經營「朝宗自行車店」及「金泰山銀樓」，並合營「鯤聲報社」。不料，兩年後卻被市政府通知須立即遷出，交由臺南市黨部使用。

葉姓民眾與吳姓民眾因此向臺灣省參議會提起訴願 [1]。然而，即便省政府後來認定如民眾是在房屋轉帳前已合法定約租用，應該讓現住人承購房屋。葉、吳兩人依規定想買下房屋，仍遭市黨部以黨產絕不讓售拒絕 [2]。

最後，國民黨在 1958 年將土地出售，關於福井治雄商店臺南支店的傳奇也逐漸消逝，現址已成為南安藥房。

福井治雄商店臺南支店現已成為南安藥房。

被遺忘的街角往事
臺南安海街御舍營所址紀念碑

📍 臺南市中西區中正路 23 號

今臺南市中正路與忠義路十字路口處，土地銀行的對面，過去曾是進士張紹芬的宅邸，1895年北白川宮能久親王曾在此處留宿一夜，後移居至宜秋山館，建築因此在1935年被列為臺灣史蹟名勝天然紀念物，以紀念親王曾蒞臨的事蹟。而後張家捐出宅邸北側的三角窗之空地，日本當局於此建設「臺南安海街御舍營所址紀念碑」，1938年完工。

進士張紹芬的宅邸，因北白川宮能久親王曾在此留宿，成為日治時期的臺南安海街御舍營所。

紀念碑戰後被拆毀，成為市有土地。據1944年《民運導報》報導，國民黨臺南市黨部透過市政治綜合小組暨市議會黨團，以民眾服務站名義向市政府提出申請，經市議會同意「撥用」❸。1955年國民黨臺南市中區民眾服務站在此處落成，其土地仍為市有地。1988年國民黨申請承租後又於同年三月申請讓售，五月登記為土地所有權人。❹ 而1995年臺南市黨部從實踐堂遷出後也至此處落腳，直到2020年才搬到原東區黨部（崇誨國宅）辦公。

PART3 尋覓古城風華

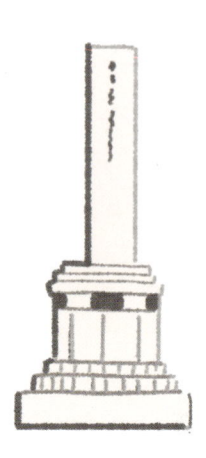

歷史現場 臺南 ㊁ TAINAN

→ 從銀座通到中正路：重返 1945 之前，老屋與檔案組成的非日常行旅路線

臺南安海街北白川宮能久御遺跡紀念碑。

舊臺南州會與三民主義青年團
臺南市中西區圖書館暨二二八紀念館

📍 臺南市中西區湯德章大道 3 號
🕗 08:30-20:30（週一公休，週日營業至 17:30）

外觀雅緻樸實的「臺南市中西區圖書館暨二二八紀念館」，興建於 1935 年，共三層樓高，建築坐南朝北，立面僅由垂直（窗框）和水平線條（出檐雨庇）分割，富含日治後期的現代主義靈魂。此處曾是日治時期的臺南州會（議會），為了方便州知事及官員進出，與原臺南州廳（現臺灣文學館）之間設有可以互通的天橋。

臺南市議會時期的原臺南州會廳舍。

臺南市中西區圖書館暨二二八紀念館現貌。

戰後，這棟建築會議室成為國民黨領導的青年組織「三民主義青年團臺南分團」團址，然而，他們並未擁有建物所有權，該建築物仍然是公產，國民黨卻在 1948 年撤出愛國婦人會館後移至此處，占用作為臺南市黨部；1950 年，第一屆臺南市議會設立，建築改由市議會使用。經過五十載，臺南市議會遷至安平後，建築曾一度作為攝影文化會館以及議政史料館，陳列臺南議政的珍貴文史資料與照片。

2004 年建築被列為市定古蹟，2018 年展開修復工程，中西區圖書館遷至此處，2022 年開館。目前一樓為二二八紀念館，二、三樓除了圖書館，也分別設有常設展，如「新光榮：老相館‧營業中」、「自由不是沒有代價」展覽等；三樓則有舊議會傢俱展示，而過去曾因增建被深埋的牛眼窗也重見天日，民眾得以一窺日治建築細節。

PART3 尋覓古城風華

歷史現場

臺南 TAINAN ㊁

→ 從銀座通到中正路：重返 1945 之前，老屋與檔案組成的非日常行旅路線

日治臺南五星級旅店
四春園旅館
現屈臣氏

📍 臺南市中西區公園路 32 號

四春園庭院一景。

四春園的正門。

　　四春園旅館是清道光年間，臺南仕紳吳尚新所建庭園「吳園」的其中一部分。庭園有精心打造的亭臺樓閣、石岩流水、珍奇花草等 ❺ 。日治初期，家主將吳園西側（面向今公園路）的一角建築租借給日本人松本德太郎經營四春園旅館。四春園離火車站僅 850 公尺，共有 24 個房間，是當時收費等級最高的知名旅館*，吸引許多仕紳權貴、達官顯要投宿，例如廈門商務總會總理、駐京英國大使館武官等 ❻ ，而著名政治運動家林獻堂也曾在著作《灌園先生日記》裡提及數度造訪的記錄 ❼ 。

　　戰後，四春園土地由臺南市政府接收，臺南市民李淡水向政府租用四春園經營旅社。然而 1947 年，國民黨因先前透過轉帳取得臺南愛國婦人會館不成，轉而透過轉帳取得四春園，並侵占四春園旅社，和李淡水對簿公堂 ❽ 。四春園後來成為國民黨黨營旅社。

　　1960 年代末期，建築體所屬之土地又遭臺南市政府以過份低於市價的價格售予國民黨省黨部，此事一度遭第七屆議員質詢，時任臺南市市長葉廷珪僅強調此案由黨政會議簽署決定，自己「亦不得不簽」❾ 。國民黨承購後，最終決定將其出售，四春園最後在 1974 年前後遭拆除。如今，四春園過去的輝煌也只能留在史料與人們的想像裡。

* 臺南地區的旅館收費等級分為 3-5 圓、2-4 圓、1.5-2.5 圓、1.5-2 圓四個等級，四春園屬於最高級，與現今已拆除改建為臺南大飯店的「東屋旅館」齊名。

- 126 -

日人報社變黨營報社
臺灣日報社
現國賓大樓

📍 臺南市北區成功路 2 號

1937年臺灣日報將社址轉移至火車站前，是一設備新穎先進的會社。

位於臺南火車站前的國賓大樓原址為「三井物產株式會社臺南支店」，建築在1922年完工後，於1928年至1937年易主成為「勸業銀行臺南支店」，後來銀行搬遷，此處成為日本人富地近思所經營的《臺灣日報》事務所 ⑩。戰後，此處座落土地，先由管理機關土地銀行轉帳予中華日報社，中華日報社再以轉帳為原因，向地政機關登記取得土地。⑪

中華日報社全名「臺灣中華日報社股份有限公司」，是國民黨中央宣傳部在1946年2月20日於臺南市創辦的地方報。二二八事件爆發後，中華日報為了報導各地狀況，曾發函向地方政府索取資料 ⑫；另一方面，當時政府將多家報紙封閉及停刊，稱之為非法報社，包括民報、人民導報、經濟日報、工商日報等。而中華日報未受影響，在事件後協助政府進行政令宣導及政務宣傳。

1948年中華日報在臺北市增刊「北版」，原於臺南發行的改稱「南版」，並將總社遷至臺北市，轄下設「南社」、「北社」兩單位，1987年開始南北兩社合併營業。戰後初期，因考量民眾語言使用習慣，《中華日報》曾有中日文並刊的設計，1946年配合政府國語文政策，改為全中文版。中華日報目前為中央投資公司所持有，總部後遷至臺南市北區西華街57號。1981年原址舊建築遭拆除，1982至1984年間，由中華日報社和建設公司出資合建成中華國賓大樓迄今。

PART3 尋覓古城風華

文化景點

→ 從銀座通到中正路：重返 1945 之前，老屋與檔案組成的非日常行旅路線

臺南 (二)
TAINAN

銀座通五福商店

📍 臺南市中西區中正路 124、126 號
f 銀座通五福商店

日治時期知名百貨商行，店面原開設於臺南本町，1930 年才於末廣町（現中正路）新闢三層洋樓店面，專門代理日洋貨，如洋傘、化妝品、唱片等。其建築頂端有三面山牆，一是海波起伏般的線條，二為中央圓框的「福」字裝飾，三是左右兩側的珠串紋樣。2023 年，五福商店在眾人期待下完成修復，除了還原建築立面舊有的「福」字商標、店名字樣「GOFUKUSHOTEN」也重見天日，甚至建築裝飾亦盡數復刻，重現過去的唯美。

林百貨

📍 臺南市中西區忠義路二段 63 號
🕐 11:00 - 21:00
f 台南林百貨

由日本商人林方一開設的「林百貨」，是南臺灣第一間百貨公司，也是彼時南部最早設有現代電梯之處，除了在各樓販售不同商品，五樓還設有喫茶部與食堂。當時流行去林百貨「坐流籠」，由電梯小姐為乘客操縱電梯，對那時的臺南人來說，是相當新奇的體驗。戰後建築由國民政府接收，前後被不同單位租用和陷入閒置；1998 年列為市定古蹟、2010 年修復，如今走入電梯，依然可見復古針盤標示著樓層位置。

- 128 -

文化景點

國立臺灣文學館

- 臺南市中西區湯德章大道 1 號
- 國立臺灣文學館 National Museum of Taiwan Literature
- 09:00-18:00（週一公休）

前身是日治時期的臺南州廳，曾作為臺南市政府使用，建築由總督府技師森山松之助所設計，1916 年完工，基座以石材砌成，視覺平衡宏偉。二戰時曾遭盟軍轟炸，歷經數次整修，1990 年代成為國立文化資產保存研究中心暨國家文學館，2003 年更名為「國立臺灣文學館」並列為國定古蹟。除了研究、典藏臺灣近代文學史料，亦經常舉辦文學相關主題展覽。

臺南市消防史料館

- 臺南市中西區中正路 2-1 號
- 臺南市消防史料館 Tainan City Fire Museum
- 10:00-16:00（週一公休）

從湯德章紀念公園望向中正路，一棟高塔白色建築特別醒目，塔樓共六層樓，最初是為了慶賀昭和天皇登基所建，作為消防瞭望臺所用，名為「火見樓」、「望火樓」，是當時市區最高的建築。1938 年，高塔兩側擴建「合同廳舍」（聯合辦公處），由消防組詰所、錦町警察官吏派出所及臺南州警察會館等單位共用。來到近代，這座古蹟成為臺南市消防史料館，開放參觀古董消防車、全臺最古老的消防滑竿等文物，用全新方式守護府城消防記憶。

→ PART3 尋覓古城風華

文化景點

臺南 ㊁
TAINAN

→ 從銀座通到中正路：重返 1945 之前，老屋與檔案組成的非日常行旅路線

美食提案

B.B.ART

📍 臺南市中西區民權路二段 48 號
📘 B.B.ART
🕐 10:30-18:00（週一公休）

民權路上，一棟墨綠色美麗建築，塔樓上有個「美」字圖標。這棟建築原是建於 1940 年代的美利安洋品店，專門販售和洋雜貨，三樓曾作為美軍祕密俱樂部。如今老屋新生為「B.B.ART」藝廊，提供藝術品展示和咖啡館服務，踏上三樓檜木樓梯，彷彿走入時光隧道，重拾過去風景。

美食提案

郭家粽

傳承三代的古早味，招牌共有肉粽、菜粽、素食粽三款，肉粽淋上自製肉湯醬汁與醬油膏，撒上花生粉及香菜，口味經典，再配上一碗味噌湯，完美。

- 臺南市中西區友愛街 117 號
- 06:00-15:00（週一至週二公休）

無名米糕

在地人稱爲「炮店米糕」的老店，米糕軟Q，鹹香醬汁甜味比例完美，搭配鹹魚鬆肉燥口感豐富，不需複雜調味就能顯現真功夫。

- 臺南市中西區中山路 8 巷 5 號
- 09:30-15:00，17:00-20:00（不定期公休）

芳苑冰棒

淬煉一甲子，遵循古法製作的手工冰品，銅板價格卻用料實在，近三十種經典和獨家創新口味任君挑選，沁涼又消暑。

- 臺南市中西區開山路 6 號
- 台南芳苑冰棒老店
- 10:30-21:30

奉茶・十八卯

爲日治時期柳下勇三創立的高級料亭：柳屋。現任店主接手後，將其恢復成百年木作老屋的風貌，一樓爲飲茶區，二樓爲茶道及沙龍場地，能愜意享受有懷舊氛圍的午後。

- 臺南市中西區民權路二段 30 號
- 奉茶。十八卯
- 10:00-18:00（週一公休）

阿霞飯店

聞名遐邇的臺菜名店，原址曾爲日治旅社「末廣館」，戰後爲國民黨經轉帳取得，1960 年賣予第三人。阿霞飯店創立 84 年來征服許多老饕味蕾，鎮店之寶紅蟳米糕口感綿密，加上濕潤的蟹膏和干貝絲點綴，滋味難忘。

- 臺南市中西區忠義路二段 84 巷 7 號
- 美味求真
- 11:00-14:00，17:00-20:00（週一公休）

PART3 尋覓古城風華

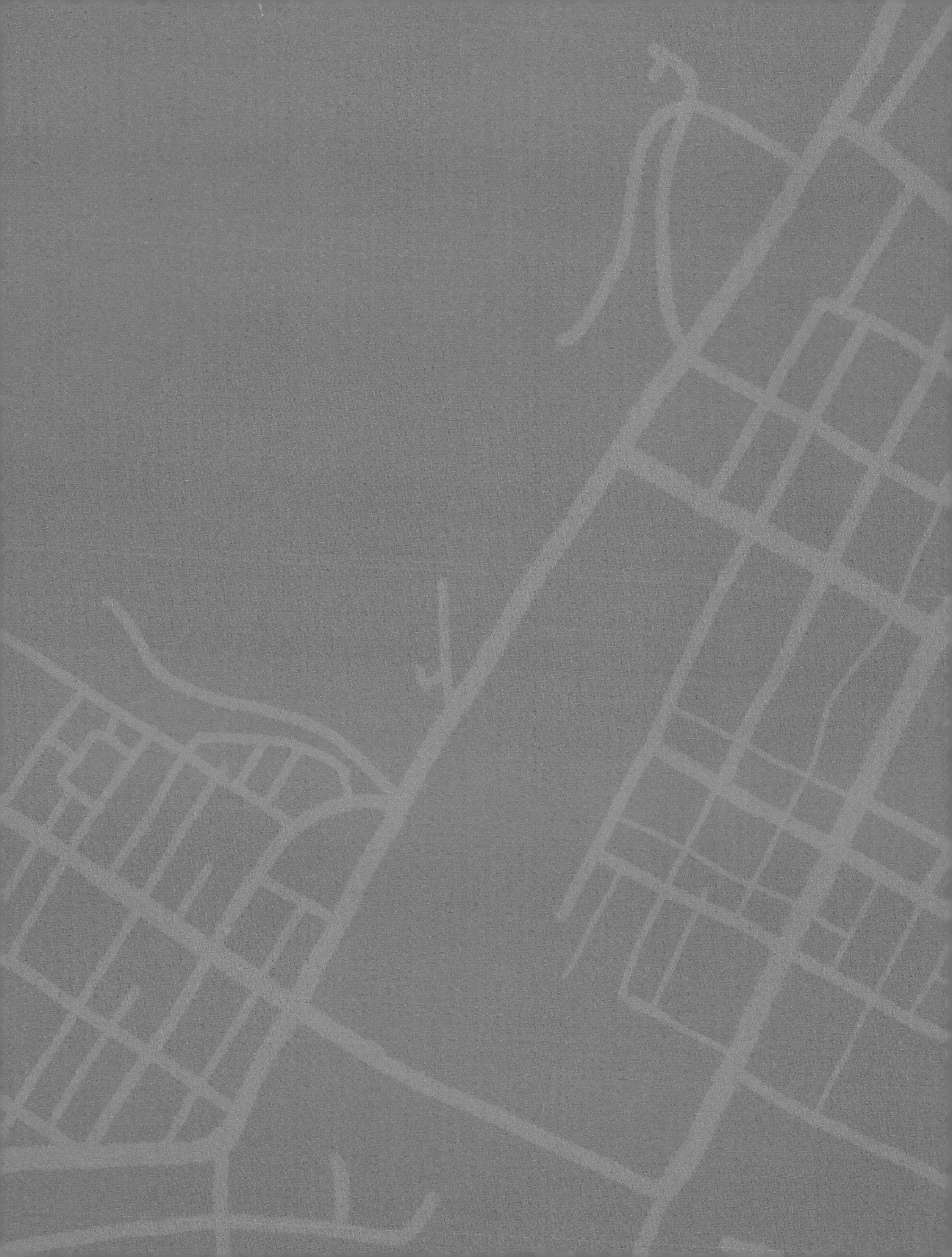

PART4
穿越百年時空

・

高雄・屏東

壽旅館

桂林街國民黨縣黨部

高雄

KAOHSIUNG

探尋港都吉光片羽

文／林必修

高雄鹽埕，不只有創意的新興藝術特區，更是訴說港灣文化的最佳舞臺。從最初的晒鹽場到日治發展為商業區，二戰後更成為臺灣接觸美國文化及舶來品的重要據點。高雄港為鹽埕帶來船員與碼頭移民工人，加上美軍船艦停泊，也帶動拆船、報關、五金材料及各式娛樂和民生需求，進而推動劇場、料理店、咖啡館和百貨店的林立。現在就前往高雄舊城區，一同挖掘新舊文化碰撞的火花。

MAP → 從銀座通到中正路：重返 1945 之前，老屋與檔案組成的非日常行旅路線

高雄
KAOHSIUNG

一日時空散步路線
↓

09:00
金鵄館
(現捷運鹽埕埔站二號出口)

09:15 早餐
小堤咖啡

10:30
壽星座(現壽星商業大樓)

10:50
高雄市立歷史博物館

11:30
鹽埕區民眾服務站
(現高雄市電影館)

12:20 午餐
大溝頂虱目魚米粉湯

13:00 點心
銀座聚場

14:30
壽旅館(現高雄市商業會)

15:00 點心
書店喫茶 一二三亭

15:30
永添藝術・金馬賓館當代美術館

17:00
鹽埕第一公有零售市場

17:30 晚餐
阿進切仔麵

地圖標示：
- 大溝頂虱目魚米粉湯
- 小堤咖啡
- 銀座聚場
- 七賢三路
- 瀨南街
- 大勇路
- 新樂街
- 壽旅館(現高雄市商業會)
- 哈瑪星鐵道文化園區
- 書店喫茶 一二三亭

圖例：
- 歷史現場
- 文化景點
- 美食提案

壽星座(現壽星商業大樓)

永添藝術・金馬賓館當代美術館

高雄市立歷史博物館

鹽埕第一公有零售市場
阿進切仔麵

金鵄館(現捷運鹽埕埔站二號出口)

瀨南街
大勇路
光榮街
七賢三路
愛河
河西路
公園二路

鹽埕區民眾服務站
(現高雄市電影館)

駁二藝術特區

高雄流行音樂中心

→ PART4 穿越百年時空

- 137 -

> 歷史現場
> 從銀座通到中正路：重返 1945 之前，老屋與檔案組成的非日常行旅路線

高雄 KAOHSIUNG

南臺灣第一家電影院
金鵄館

現捷運鹽埕埔站二號出口

📍 高雄市鹽埕區大勇路 96 號

南臺灣第一家電影院「金鵄館」1929 年於高雄市榮町開幕，館主為泉寬平，而後因為經營困難，隔年改由企業家船橋武雄接手 **1**，並於 1935 年進行大規模裝修。除了將建築立面從原本的弧形山牆改建為裝飾藝術風格階梯造型，顯得更奢華氣派，內部也進化成可容納千名觀眾的大型劇場，共三層坐席，配有橫山商店進口的輕便折疊座椅，二、三樓還設置了包廂，專門放映來自日本與美國一流電影公司的作品 **2**，是當時南部規模最大、設備最新的電影院。

戰後，金鵄館先由高雄市政府接收 **3**，後在國民黨要求下，於 1947 年移交給國民黨省黨部接管，由臺灣電影事業股份有限公司（後與農業教育電影公司於 1954 年合併為中影）承接經營，改名為「光復戲院」。1956 年，中影再透過轉帳登記取得土地。

第一代金鵄館外觀。

光復戲院只限現役軍人使用的勞軍入場券，上頭印有反共抗俄標語。

1941年的第二代金鵄館位於舊時大勇路，沿街還有咖啡廳、遊樂場等營業，是十分繁華的區域。

1959年改建為三層樓建築，重新開幕的光復戲院仍是人氣據點。

光復戲院是高雄第一家有冷氣的戲院，也是首家將木座椅全部更換為沙發式座椅的戲院，主要播放首輪電影。1960年代知名電影《梁山伯與祝英台》播映時，曾創下愛情文藝片放映超過十週的最高紀錄。國人首部拍攝的彩色劇情片《蚵女》在光復戲院播映時亦是空前絕後 4。

1983年，光復戲院易主改播二輪電影 5，依然是在地人娛樂休閒好去處。2002年戲院為配合高雄捷運工程而拆除，昔日榮景也正式畫下句點，現址為捷運鹽埕埔站的二號出口。

PART4 穿越百年時空

歷史現場

高雄 KAOHSIUNG

→ 從銀座通到中正路：重返 1945 之前，老屋與檔案組成的非日常行旅路線

二二八重要歷史見證
壽星座
現壽星商業大樓

📍 高雄市鹽埕區七賢三路 243、247 號

此處最初為創設於 1930 年的鹽埕座（1935 年改名為鹽埕劇場株式會社）在北野町所建的同名劇場。董事長為多木龍二，董事之一為臺人企業家陳啟峰，監察人之一為臺人企業家林迦 **6**。據林迦後來的敘述，鹽埕座是他與其他臺人招股創設；只是多數日人強行加入，而占有四分之三股份 **7**。

甫落成的鹽埕座。

原本期盼能成立一座專門演出本島人戲劇的劇場，但因地處偏僻，沒有通往市中心的道路，生意一直未見起色 **8**。1931 年承租給臺北鏡湖映畫社社長陳鏡湖，將戲院更名「壽山座」**9**，後又改為「壽星座」並轉型成電影院，播放來自日本國內小型電影公司的作品，專攻低價消費市場。壽星座漸漸站穩腳步，更帶動當地喫茶店的興起 **10**。

二戰時，壽星座受盟軍襲擊，營業停頓。戰後，先由高雄市政府接收 **11**，改名為「壽星戲院」。壽星戲院總經理林迦和其他臺人在日人遣返後，收購日人股權，並恢復營業。但後來國民黨省黨部於 1947 年派員前往戲院，表示要「接收」，並一律遣換原有職員。林迦於是發文至行政長官公署宣傳委員會，希望壽星戲院能由原經營者承購 **12**。然而，行政長官公署宣傳委員會只回覆日產電影院歸黨營一案已經施行，原經營人若想繼續經營，應向省黨部陳情 **13**。最終壽星戲院仍是移交給國民黨省黨部接管，由臺影（後與農教於 1954 年合併為中影）經營。

二二八事件前，壽星戲院也曾發生軍民衝突。1946年3月28日，幾位軍人到戲院觀看歌劇團表演，不買票卻恣意佔在警官臨檢席，因不服義勇警察隊員糾正，竟圍毆打人。周圍觀眾見狀深感憤怒並追打，一名軍人竟打算投擲手榴彈，幸好被員警壓制。該等軍人不服氣又回營召集三十多名軍人，帶隊包圍戲院，甚至軍人團長還下令，現場「外省人打死本省人不要緊」，也因此本省人被痛打連天。後一幫軍人又包圍高雄市警察局第二分局，要清算義勇警察隊員，並朝分局開槍，造成三名員警重傷，直到駐高雄美軍趕至現場，軍人們才被喝退 ⓮。

二二八事件後，壽星戲院成為綏靖工作宣傳隊的場所之一。1947年4至5月間，高雄市淑德女中趙根福就率隊於壽星戲院演講，宣揚三民主義、政府寬大處理二二八之情形、呼籲民眾與政府合作等 ⓯。

1954年影城大亨許火金入主經營壽星戲院 ⓰，適逢美援時期，戲院與美軍俱樂部比鄰，周遭酒吧等娛樂場所林立，熱鬧不已。除上映臺語片為主，還有歌仔戲演出，其中臺語片《周成過臺灣》，放映長達63天，創造一日售票營收可買一甲地（當時一甲土地售價約兩萬元）的神話。

1958年中影以轉帳登記取得壽星戲院土地。1971年中影收回經營，1976年前後，中影與建設公司合建壽星商業大樓 ⓱，戲院改放二輪電影，並於1995年歇業。

歷史現場

高雄 KAOHSIUNG

→ 從銀座通到中正路：重返 1945 之前，老屋與檔案組成的非日常行旅路線

1960 年代壽星戲院的看板與外觀。

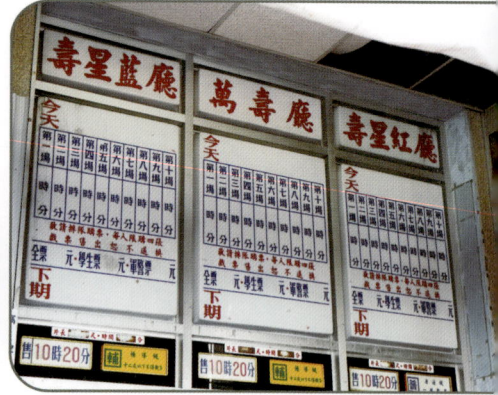

壽星戲院現址一樓全聯福利中心，至今仍留有當時的售票口。

以服務為名的黨國偵查站
鹽埕區民眾服務站
現高雄市電影館

📍 高雄市鹽埕區河西路 10 號
🕐 13:30 -21:30（週一公休）

愛河旁的「高雄市電影館」，原為鹽埕國中校舍，1980 年代曾作為「鹽埕區民眾服務站」使用，目前民眾服務社在全國各地仍有三百多個據點，並且經常和國民黨地方黨部或婦女會設在相同地址。

早期，地方上民眾大大小小的事情都會去民眾服務站（社）尋求協助。1950 年代的鹽埕區民眾服務站，就曾經開辦過商業會計短期補習班；和扶輪社共同開設義務診療所；八七水災時，辦理過勸募救災。民眾服務站究竟是什麼樣的單位，能夠提供如此多樣的服務？

民眾服務機構的辦公房舍和人員來自公家預算及資源，也能另外申請人民團體的補助，它的興起源自 1950 年，當時國民黨中常會臨時會議修正通過「中國國民黨改造案」，規定縣級以下組織可保持祕密，同時藉由民眾服務站的工作，為黨部進行宣傳與組織。因為縣級以下組織運作不需公開，各地民眾服務機構也成為國民黨組織對外活動的掩護。過去國民黨地方輔選工作是以服務站名義進行；而在國民黨出版的《民眾服務手冊》也提到：民眾服務站應為所屬的黨部展開社會調查工作。

1950 年代的鹽埕區民眾服務站，位於鹽埕區光榮街 66 號。

現高雄市電影館外觀。

1980 年代末期，高雄市議員質詢高雄市政府，指出民眾服務社無償使用高雄市七處市產數年之久。直到 1990 年代，國民黨才將鹽埕區民眾服務社歸還市政府。而後，場域曾轉為高雄市實驗國樂團排練場，又隨國樂團遷出，2002 年創立高雄市電影圖書館，八年後更名為「高雄市電影館」，成為以支持藝術電影而聞名的平臺，舉辦常態性主題影展，更是高雄電影節播映和活動場地之一。

歷史現場

→ 從銀座通到中正路：重返 1945 之前，老屋與檔案組成的非日常行旅路線

高雄 KAOHSIUNG

臺灣博覽會推薦旅店
壽旅館
現高雄市商業會

📍 高雄市鼓山區千光路 8 號

日治時期在高雄驛(今舊打狗驛故事館)、壽町(今千光路一帶)，曾佇立著一座兩層樓的豪華旅館——壽旅館，1928 年開業，由日人西本保一經營。西本保一於高雄旅館組合(公會)擔任常任幹事 **18**，在旅館業有著重要影響力，聲名相當響亮。而壽旅館位於壽山山腳，西本保一還特別打造了一個可稱為小型自然公園的庭院，這種風情相較於其他同樣位於都市的旅館，更顯難得可貴 **19**。

壽旅館位於高雄驛附近，是當時高雄最著名的旅館之一。

壽旅館現址為高雄市商業會。

位於壽山山腳，照片左下角二層樓房即為壽旅館。

現今的鹽埕、哈瑪星一帶在日治時期有十幾家旅館，又以壽旅館規模最大，擁有 31 間客房，是當時收費等級最高的旅館之一；而壽旅館又在被日本旅行協會、大日本航空株式會社等指定為下榻旅館後，受到越來越多好評 **20**；1935 年，更在《臺灣之旅：始政四十周年記念臺灣博覽會》被列為高雄旅館推薦名單之一。戰後，這棟建築物被轉帳給國民黨高雄市黨部 **21**，黨部遷移後，1975 年售予高雄市商業會使用至今。

文化景點

高雄市立歷史博物館

- 高雄市鹽埕區中正四路 272 號
- 高雄市立歷史博物館 Kaohsiung Museum of History
- 09:00-17:00（週一公休）

淺青色外觀、暗綠屋瓦，一樓設有門廊，被喻為「穿著西服但戴著亞洲風王冠」的帝冠式建築。日治時期為高雄市役所，二戰後由高雄市政府使用。二二八事件時，此處是高雄官員與民眾開會討論、設法解決軍民矛盾之地，也是全臺因鎮壓，死傷人數最多的地方；至今，外牆仍隱約可見當時彈痕。2004 年被指定為市定古蹟，規劃為「高雄市立歷史博物館」。來到館裡，除了可以從鐵道、海港等角度認識高雄，也能思索二二八對高雄的歷史意義。

永添藝術・金馬賓館當代美術館

- 高雄市鼓山區鼓山一路 111 號
- 永添藝術・金馬賓館當代美術館 ALIEN Art Centre
- 10:00-18:00（週一公休）

位於鼓山的金馬賓館建於 1967 年，為準備前往金馬前線國軍的中轉站，1998 年賓館退役後閒置，2019 年活化成為當代美術館。建築引光入室，午後斜陽處處是景，而三個樓層的展演空間能欣賞實驗性創作，也能認識藝術史脈絡，是個令人沉澱靈魂之餘，心曠神怡的好去處。

→ PART4 穿越百年時空

文化景點 → 從銀座通到中正路：重返1945之前，老屋與檔案組成的非日常行旅路線

高雄 KAOHSIUNG

美食提案

鹽埕第一公有零售市場

📍 高雄市鹽埕區瀨南街141之7號
ⓕ 07:00-12:00（週一至週二）
　 07:00-12:00，16:00-22:00（週三至週日）

建於1949年，歷經改建活化，由在地青年串連、攤商進駐後重獲新生，成為一處明亮通風的「青銀共市」。空間設計保留傳統木構造屋頂，並將原磨石子地磚、洗石子立面、馬賽克磚等舊建材再運用，打造出復古又摩登的氣質。早晨以傳統攤商經營為主，一到傍晚和假日，則充滿著特色店家的年輕活力，每個攤位都值得好好認識探索。

美食提案

小堤咖啡

日式昭和風格喫茶店，擁有四十年歷史，店內沒有菜單，點什麼全由闆娘二姐口頭詢問。虹吸式咖啡滋味順口，經典點心無論荷包蛋加煎火腿，或是抹醬烤吐司，樣樣簡單好吃。

📍 高雄市鹽埕區鹽埕街 40 巷 10 號
🕘 09:00-18:00（週三公休）

大溝頂虱目魚米粉湯

內有魚皮漿跟魚肚漿的綜合湯是老饕必點款，將魚皮或魚肚裹漿入湯的作法相當少見；口感 Q 彈內裡細緻，一碗湯餡料滿滿，清甜不負擔。

📍 高雄市鹽埕區新樂街 198-38 號
🕘 05:30-13:30

銀座聚場

位於昔日稱為「高雄銀座」的百貨商店街，招牌飲品「銀座特調」以在地冬瓜糖與濃縮咖啡、牛奶製作，而檸檬雞蛋冰冰美式的用料，則出自旗山常美冰店，心意滿滿，讓人難忘懷。

📍 高雄市鹽埕區五福四路 260 巷 8 號
📘 銀座聚場 House of Takao Ginza
🕘 13:00-19:00
（週五至週日營業，採預約制）

書店喫茶一二三亭

日治時期，有著藝妓表演的著名料亭「一二三亭」，如今成為新時代喫茶店，不僅延續了過往店家名稱，也將老屋頂木造結構保留下來，而屋架樑柱上，迄今仍掛著的祈福飾物「幣串」等，都讓昔日風景走進人心。

📍 高雄市鼓山區鼓元街 4 號 2 樓
🕘 10:00-18:00

阿進切仔麵

飄香七十年，招牌湯麵採用油麵，大骨湯頭為自家熬煮，蔥頭酥、蒜頭酥也是店家自炸，清淡卻用心。黑白切新鮮乾淨，簡單蘸點醬油膏就很美味。

📍 高雄市鹽埕區瀨南街 148 號
🕘 09:00-20:00（週一公休）

PART4 穿越百年時空

屏東 PINGTUNG

挖掘時間變遷痕跡

文／藍逸丞

隨著 1945 年第二次世界大戰的終結，臺灣也面臨著日治時期的結束，在政權轉換之中，歷史的痕跡始終存在，有時兼容、有時輪轉、幾經點滴變遷，也在新時代下長成了不一樣的風景。

屏東市的市容，在各式文化與時空環境的交織下擴張與淬鍊，從城裡的古蹟遺址中，我們可以知道過去種種不只是印象，這座城市還留存著什麼樣的時代記憶，讓我們一邊走一邊看。

MAP ➔ 從銀座通到中正路：重返 1945 之前，老屋與檔案組成的非日常行旅路線

屏東
PINGTUNG

一日時空散步路線
↓

11:00
屏東火車站

11:10
大和旅社（現驛前大和咖啡館）

11:30 午餐
汕頭火鍋

13:00
臺灣銀行中屏分行

13:20
慈鳳宮

13:50
桂林街國民黨縣黨部（現薇楓商務旅館）

14:05
勝利星村創意生活園區

15:20
圓環（現長春公園）

15:30
信義路國民黨縣黨部（現議長官邸）

15:45
屏東演武場

16:00
屏東公園

17:20
末廣館（現中影屏東影城）

17:30 晚餐
屏東夜市周邊小吃

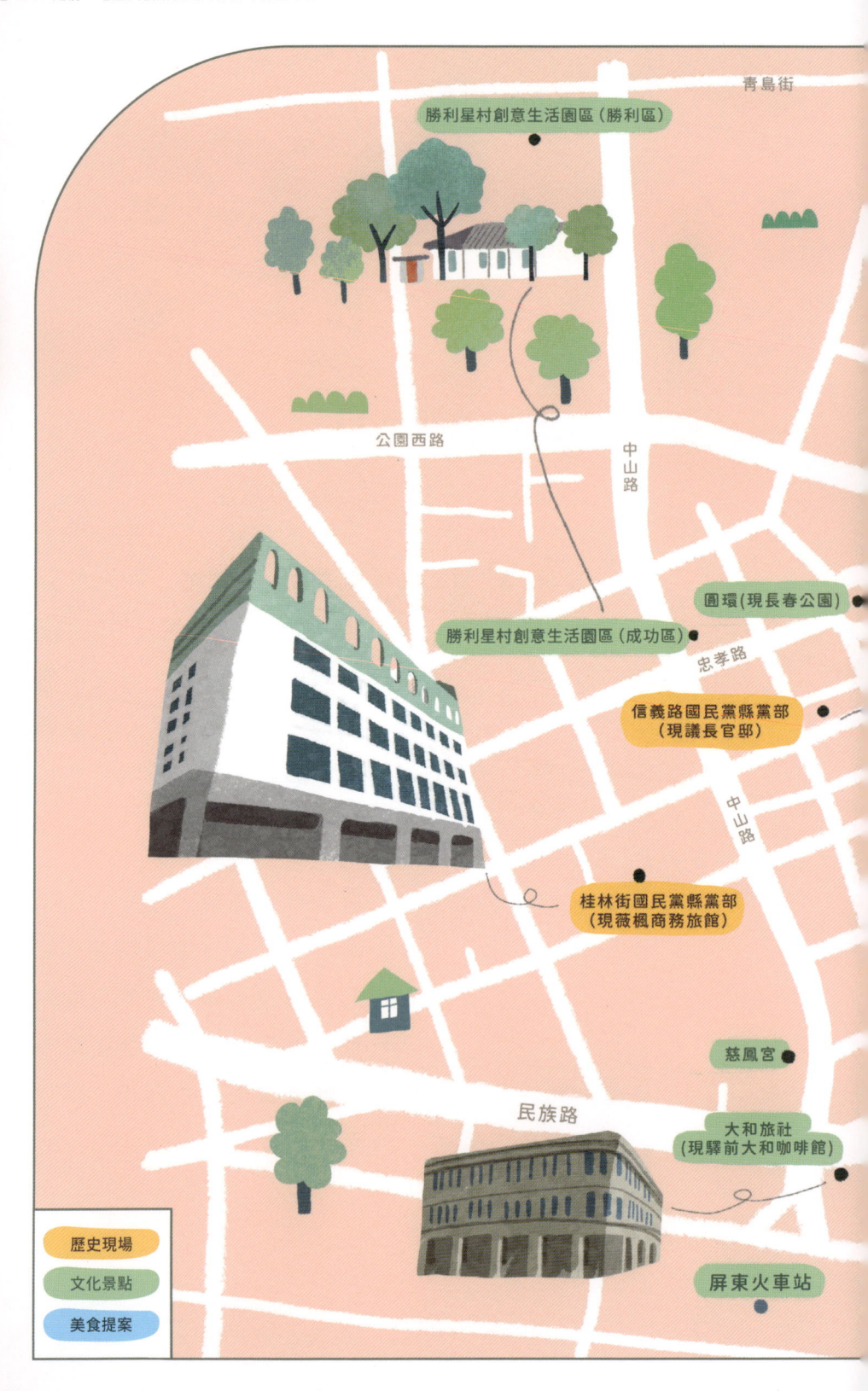

地圖標示：
- 青島街
- 勝利星村創意生活園區（勝利區）
- 公園西路
- 中山路
- 勝利星村創意生活園區（成功區）
- 圓環（現長春公園）
- 忠孝路
- 信義路國民黨縣黨部（現議長官邸）
- 桂林街國民黨縣黨部（現薇楓商務旅館）
- 慈鳳宮
- 民族路
- 大和旅社（現驛前大和咖啡館）
- 屏東火車站

圖例：
- 歷史現場
- 文化景點
- 美食提案

- 150 -

屏東縣立體育館

- 屏東縣立體育館
- 光復紀念碑
- 屏東縣立田徑場
- 纏碑
- 屏東美術館
- 屏東演武場
- 屏東公園
- 臺灣銀行中屏分行
- 台灣基督長老教會屏東教會
- 末廣館(現中影屏東影城)
- 屏東夜市
- 汕頭火鍋
- 上讚肉圓大腸粉腸
- 民族夜市蚵魠魚羹
- 阿狗切仔擔
- 進來涼冰果室
- 雞肉飯

北平路・公園路・林森路・民生路・光復路
中華路・杭州街・民權路・仁愛路
永福路

→ PART4 穿越百年時空

- 151 -

> 歷史現場　→ 從銀座通到中正路：重返 1945 之前，老屋與檔案組成的非日常行旅路線

屏東 PINGTUNG

從民眾服務社到縣黨部
桂林街
國民黨縣黨部

現薇楓商務旅館

📍 屏東縣屏東市桂林街 38-2 號

屏東市桂林街上的一棟商務旅館，過去曾是國民黨屏東縣黨部的所在地。而在更早之前的縣黨部，則是位於信義路及上海路交叉口，那與縣長官邸、中正國小接鄰的位置。

國民黨的屏東縣黨部，約莫是在 1987 年 5 月前後，從信義路站址移至此處辦公。1980 年代縣黨部向地方政府價購取得桂林街的縣有土地及興建大樓*，在過程中存有論及「民眾服務機構(社)」的需求及名義等情事，進一步坐實了政黨及服務機構一體兩面的事實。❶

從歷史文獻中可以看到整個過程。例如，購地時記載：「……國民黨台灣省屏東縣委員會函請價購……縣有土地作為屏東市民眾服務分社辦公廳遷建用地」❷，而興建的時候則提到：「……同志担任屏東縣長時曾撥柒佰萬元作為興建屏東市分社辦公大樓設備之用，且該款早已撥交屏東市公所，為爭取上款，勢必以屏東市民眾服務分社名義興建，否則爭取無由」❸。 另外，縣黨部亦在顧慮房地的使用時論及：

---

* 就其興建的規劃階段，不乏黨內公文述及該處為屏東縣委員會（縣黨部）與第一區黨部合建之辦公廳舍。

「本縣政治環境特殊，本會現使用辦公大樓，產權乃屏東市公所所有，如以縣黨部與屏東市民眾服務分社名義興建，完工以後，難保不為有心人製造口實，要求本會遷出現址，勢必帶來不良後果，為避免橫生枝節，允宜以屏東市民眾服務分社名義興建較為穩妥」[4]。這全然揭示了國民黨以服務機構名義運用政府資源的歷史現象。

2017 年，國民黨因解雇大量黨工未支付資遣費及退休金，面臨黨工提起民事執行查封此處，2018 年 11 月底的第三次拍賣由民眾以 4,629 萬 3 千元得標[5]，而縣黨部則在隔年 5 月遷至公勇路 99 號。[6]

官邸背後的過往
信義路國民黨縣黨部

現議長官邸

📍 屏東縣屏東市信義路 141 號

造訪完昔日的桂林街縣黨部，繼續前往信義路縣黨部一探究竟。眼前的格局方正、比例對稱的議長官邸，在往昔乃是縣黨部的所在地，並且與現時的建築風貌大有不同。1980 年代出版的《墾丁月刊》，曾將當時的縣黨部建築稱為「縣黨部中山堂」[7]，不過此一由國民黨使用的辦公大樓，其房地產權其實屬於公有。

1980 年代，縣黨部開始討論將辦公廳搬遷至桂林街的計畫，然而卻想保有信義路基地的使用權，擔心市公所會收回房子，或被其它團體租下，因此打算把此處和屏東憲兵隊辦公廳交換使用，並讓屏東市民眾服務分社遷入憲兵隊辦公廳辦公。[8]

歷史現場

從銀座通到中正路：重返 1945 之前，老屋與檔案組成的非日常行旅路線

屏東 PINGTUNG

從同時期的另一文獻檔案內容（1989 年），亦可窺見一二：

「該辦公廳向為本黨所使用。縣內黨員、民眾具有深厚情感，且位居市區要津，交通便捷為市內重要集會場所，自本會遷移後反對人士企圖染指，經多方化解現仍由第一區繼續使用。」[9]

「業經本會主任委員邀集有關從政主管同志研究後⋯⋯在其權限內依法做最有利於本黨之解釋並協調縣府同意由市公所本權責自行核辦，故得合法租借並免繳五年使用費。」[10]

「如不同意租用則必須立即歸還市公所，非僅各界努力成全之美意落空，今後本黨各種黨群活動將受到極大影響。且反對政團將大量使用該場地，對組織發展與活動將造成極為不利的後果。」[11]

縣黨部在 1987 年 5 月遷出之前，根據中華民國民眾團體活動中心於 1982 年編印《民眾團體名錄》的記載，作為縣黨部對外名義的臺灣省民眾服務社屏東縣支社，同樣也設址於此[12]，而其建物原來面貌，僅能憑藉舊照片而為追憶。

看電影需脫鞋
末廣館
現中影屏東影城

● 屏東縣屏東市民生路 248 號

日治時期的末廣町是非常熱鬧的街區，而位於其中的「末廣館」（或稱末廣座），是一家專門放映日本電影的劇院，擁有榻榻米式的觀眾席，人們入場觀影則是需要脫鞋盤坐。[13]

末廣館在戰後本為臺灣省行政長官公署宣傳委員會接管日人經營的其中一座電影院，並改名為「光華戲院」，而國民黨臺灣省屏東市黨務指導員辦事處於 1946 年 9 月的報告中認為如能取得該戲院，則對於政黨經費大有裨益，並且亦可作為該黨宣

1930 年代末廣館建築景象。

歷史現場

從銀座通到中正路：重返 1945 之前，老屋與檔案組成的非日常行旅路線

屏東 PINGTUNG

傳主義教育社會之有利喉舌。**14** 之後，行政長官公署宣傳委員會遵照中央的指示，將日產戲院移交予國民黨省黨部接收經營。

國民黨所屬臺灣電影事業股份有限公司（後與農業教育電影公司合併為中影）**15** 之所有下轄戲院，均建於日治時期，而光華戲院承繼著「末廣館」的水泥鐵筋日本瓦蓋建築，設有座席 403 席 **17**，1953 年則是拓增至 532 席的座位 **18**。該戲院歷經 1957 年的增建 **19**、1965 年的重建 **20**，其建築物外觀已與日治時期相當不同。

由於中央投資股份有限公司（黨營事業）於 2006 年起陸續出售中影公司股權 **21**，後者現時已非國民黨黨營事業，光華戲院自然也不再是黨營戲院，而由中影獨立經營。黨產會於 2021 年 8 月 24 日召開第 120 次委員會議決議，與中影締結行政和解契約，解決雙方因黨產條例所衍生之所有爭議及訟爭 **22**，而中影屏東影城，將繼續為在地提供電影娛樂，陪伴著屏東的鄉親。

現在的中影屏東影城外觀與日治時期相當不同。

文化景點

屏東火車站

📍 屏東縣屏東市公勇路 62 號

1913 年建站，原稱「阿緱驛」，後因地方行政區劃改制之緣故，於 1920 年改稱「屏東驛」。1959 年，鐵路局考量車站年久失修，在利用上存有改善的需要，並於歷經設計規劃後，在 1961 年 12 月動工改建。韶光荏苒，1962 年完工的火車站，是六七年級生熟悉的鋼筋水泥建築，而現在的新站，則是 2015 年所啟用，伴隨著鐵路高架化，過往穿梭月臺的地下道、站前那永遠走得快一點的時鐘，都已不復見。

大和旅社

現驛前大和咖啡館

📍 屏東縣屏東市民族路 163 號
📘 驛前大和咖啡館
🕘 09:00-18:00

位於屏東火車站前的「大和旅社」創建於 1934 年，從日治時期就見證著屏東的發展。其作為火車站前的唯一一間旅社，和洋建築華美經典，無論今昔均是具有代表性的地標。2014 年獲屏東縣政府公告登錄為歷史建築，歷經細心維修，現為「驛前大和咖啡館」展開新生，交織建築、文化與時間感，無論是白天或夜晚都流露著不同美態。

→ PART 4 穿越百年時空

文化景點

→ 從銀座通到中正路：重返 1945 之前，老屋與檔案組成的非日常行旅路線

屏東 PINGTUNG

臺灣銀行中屏分行

📍 屏東縣屏東市中華路 9 號
🕘 09:00-15:30（週六至週日公休）

臺灣銀行中屏分行在日治時期是「株式會社臺灣銀行屏東支店」，開業於 1910 年，並分別在 1936 年改建為兩層樓、1952 年增建為目前所見的三層樓建築。該建築外觀有著巴洛克風格，正朝向文化資產的道路前進，而其所面對的市區道路匯聚處，在從前的圓環時期立有蔣介石銅像，如今早已走入歷史。

慈鳳宮

📍 屏東縣屏東市中山路 39 號
f 阿猴媽祖（屏東慈鳳宮）
🕘 07:00-22:30

在地重要的信仰中心，其創建的起源可追溯至 1661 年（明永曆 15 年），主祀天上聖母，作為清乾隆時期的「鳳山縣阿猴街天后廟」、道光時期的「慈鳳宮」，1881 年（光緒 7 年）獲御賜「阿緱街慈鳳宮」，一路以來慈心濟世、鳳德化民，戰爭期間在盟軍的轟炸下倖免於難；1983 年雖因祝融受損，但聖像絲毫未傷。現今所見的廟體建築，是十多年來重建完成後的成果。散步參拜的同時，如果行有餘力拾級而上禮敬神明，也能在頂樓眺望周遭的景致。

文化景點

勝利星村
創意生活園區

📍 屏東縣屏東市成功路 134 號

ⓕ 勝利星村 V.I.P Zone

日治時期臺灣總督府在高雄州啟用的第一個飛行場是 1920 年的屏東飛行場，而 1927 年日軍飛行第八聯隊進駐屏東飛行場之後，當地的軍官宿舍需求也應運而生。其中原名為「崇蘭陸軍官舍群」的宿舍區，興建於 1937 年，戰後為孫立人將軍的陸軍部隊接收，並改名為「勝利新村」。自 2018 年起經屏東縣政府陸續修復，結合勝利、崇仁（成功區、通海區）等眷舍場域，打造為創意生活園區，引領人們重拾歷史印象。想了解更多眷舍故事，可瀏覽園區官網的「語音導覽」專頁，其中收錄五十篇生動的故事，值得細細一讀。時間充裕的話，也可逛逛近年開放的「遺構公園」（得勝區、空翔區）。

圓環

現長春公園

📍 屏東縣屏東市林森路 154 號

鄰近縣長官邸的圓環綠地，過往不僅有著戰備碉堡的設置，而其間特別的是，在 1947 年二二八事件爆發後，屏東在地的情勢益發緊張，市區更在 3 月 4 日開始發生衝突。是時擔任翻譯居間對屏東市政府協商的莊迎，後來被保密局特務認定為臺北暴徒領袖，其遭逮捕後押送遊街，亦未經公平審判即行公開處決，於同年 3 月 11 日命殞於此。此一圓環在 2022 年為促進轉型正義委員會審定公告為不義遺址，銘記臺灣曾經走過的那一段沉痛歷史。

→ PART4 穿越百年時空

文化景點

屏東 PINGTUNG

→ 從銀座通到中正路：重返 1945 之前，老屋與檔案組成的非日常行旅路線

屏東演武場

📍 屏東縣屏東市公園路 28 號
🕘 09:00-17:00（週一公休）

「屏東演武場」建於 1930 年，是日治警察練習武道、弓術的據點，1933 年因地方行政層級調整，升格為「武德會支所」。戰後為國防部接管，爾後為軍人之友社的屏東縣軍人服務站無償使用，2003 年 8 月公告登錄為歷史建築，使用單位於 2015 年將建物返還予屏東縣政府；2019 年修復完成後，目前作為藝文空間，適合與幾步之遙的屏東美術館一同遊歷參觀。如果決定坐在鄰近的廣場上稍事休息，望著眼前那碩大的百貨商城，誰又能遙想到八十多年前的同一片土地上，曾坐落著屏東會館和屏東市役所。

屏東公園

📍 屏東縣屏東市中華路、公園路口

「屏東公園」的建置可追溯至 1902 年的阿猴廳時期，園內目前不僅有著日治時期的遺跡，也有著清道光年間的「朝陽門」，其中創立於 1919 年的「阿緱神社」，如今還剩下殘存參道的神道橋（水池橋梁）可得觀覽。從田徑場外的「光復紀念碑」位置望向公園路，草地上有一石堆，據考證為屏東消防組組長龍揖松藏於 1943 年籌資興建，並由松野綠所書的「纏碑」，而碑文上不僅可以看到消防組的建置歷程，也可以從中感受到告慰殉職者的心意，雖然戰後被書以禮義廉恥四字，但現已能窺見原來的面貌。

另外，園內也有著 1924 年所築「末廣稻荷社」的遺址，其建築之上部於戰後改建為老人會涼亭，下部則變成防空洞的設置，是故目前僅剩基座可供追憶。

美食提案

汕頭火鍋

想吃火鍋？屏東夜市內的汕頭火鍋，如隆賓、佳家、新園等都是不容錯過的好選擇。每次路過都有種「哇！就是這個味道」的暢快感，挑選喜愛的店家，大快朵頤各種新鮮好料配上濃郁過癮的沙茶醬，絕妙滋味值得享受。

📍 屏東縣屏東市興市巷內（屏東夜市）

雞肉飯

攤位坐落在夜市內巷子口的雞肉飯，不變的是從小吃到大的味道。簡單的古早味，份量不大，卻吃得舒暢，也可點一碗下水湯增添一點口味餘韻。

📍 屏東縣屏東市民權路 21 號
🕐 08:00–23:00（週四公休）

阿狗切仔擔

屏東夜市多的是實力派老店美食，阿狗切仔擔也不例外。無論是粉腸、大腸，還是小腸，各種涮嘴切料都可來上一輪，而私心偏愛的米粉，每次來都不會錯過。雖然店面翻新移到隔壁，但經典的清湯依舊療癒懷舊的心。

📍 屏東縣屏東市民族路 57 號
🕐 10:00-22:30

上讚肉圓 大腸粉腸

每次來這間老店，總能充分滿足自己的口腹之慾。站在攤位前這個、那個都想要，不用擔心份量會太多，可以請老闆做一人份的量。糯米腸、粉腸與脆腸沾上辣醬，在味蕾上攀附的刺激剛剛好。最後別忘了來碗感情湯，才是在地人的標配。

📍 屏東縣屏東市民族路 22 號
🕐 07:30-21:00（週一公休）

民族夜市 魠魠魚羹

一碗魠魠魚羹配上小碗肉燥飯，肉燥的部位偏油，適合香膩的一口接著一口。羹湯裡的魚塊，扎實口感契合著米飯，而湯體本身稠厚，鹹潤合宜帶點甜膩，順著飲盡，六分飽而完滿。

📍 屏東縣屏東市復興路 9 號
🕐 10:00-21:30（不定期公休）

進來涼冰果室

坐落在夜市裡的老店，光是看著門口那琳瑯滿目的各種沁涼品項，就已心意飽滿。除了有私心熱愛的大份量紅豆芋頭牛奶雪花冰，招牌的番茄盤沾風味佐料也可以點來吃看看。

📍 屏東縣屏東市民權路 20-7 號
f 進來涼冰果室
🕐 11:00-23:00（不定期公休）

PART 4 穿越百年時空

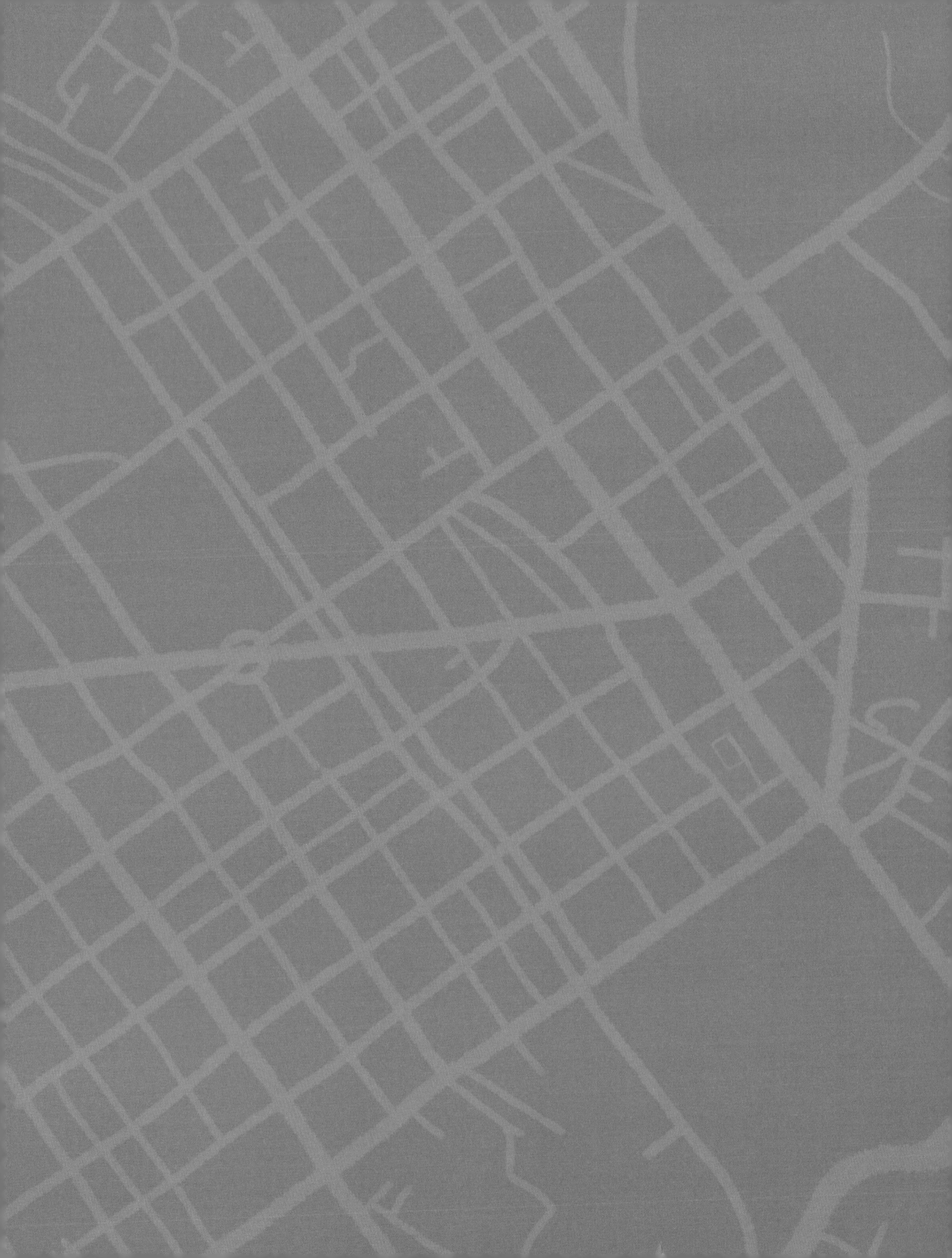

PART5
打開建築記憶

・

花蓮・澎湖

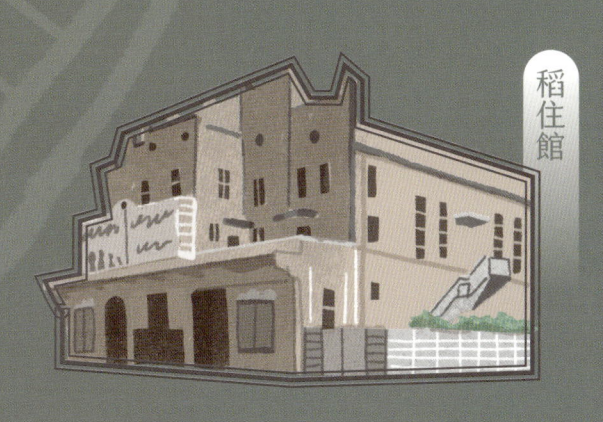

稻住館

丸八旅館

花蓮

HUALIEN

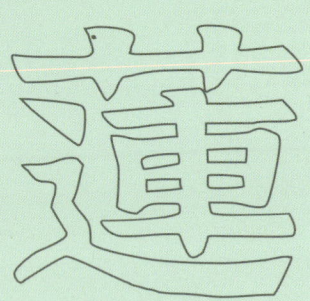

漫遊山海踏查時空

文／張瑋珊

花蓮是許多人旅行臺灣首選，山海相映與多元文化，自在又奔放。百年前，花蓮原隸屬於臺東廳的轄區，1909年臺灣總督府展開地方官制改革，獨立設置為「花蓮港廳」，花蓮市則為「花蓮港街」，都市計畫也因此展開，公家機關、東線鐵路、軍事民防進駐，人潮蜂擁匯聚，學校、公園、集會堂，料亭、旅館、電影院等應運而生，帶動地方繁榮。走訪山海之城，尋找日和風景。

MAP
→ 從銀座通到中正路：重返 1945 之前，老屋與檔案組成的非日常行旅路線

花蓮 HUALIEN

一日時空散步路線
↓

09:00 早餐
自由街無名早餐店

10:00
花蓮港放送局
(現中廣花蓮廣播電臺)

10:20
松園別館

11:30
花蓮將軍府 1936

12:00
花蓮港公會堂
(現國民黨花蓮縣黨部)

12:30 午餐
炸彈蔥油餅黃車或
玉里橋頭臭豆腐花蓮店

13:40
大江商店(現良友精緻飯店)

13:50
稻住館(現阿思瑪麗景大飯店)

14:10
天仙閣(現忠孝停車場)

14:10 點心
花蓮廟口紅茶

14:40
花蓮城隍廟

15:00 點心
昭和 58

16:00
花蓮文化創意產業園區

17:30 晚餐
鵝肉先生

* 花蓮市區各景點距離較遠，建議轉乘交通工具前往。

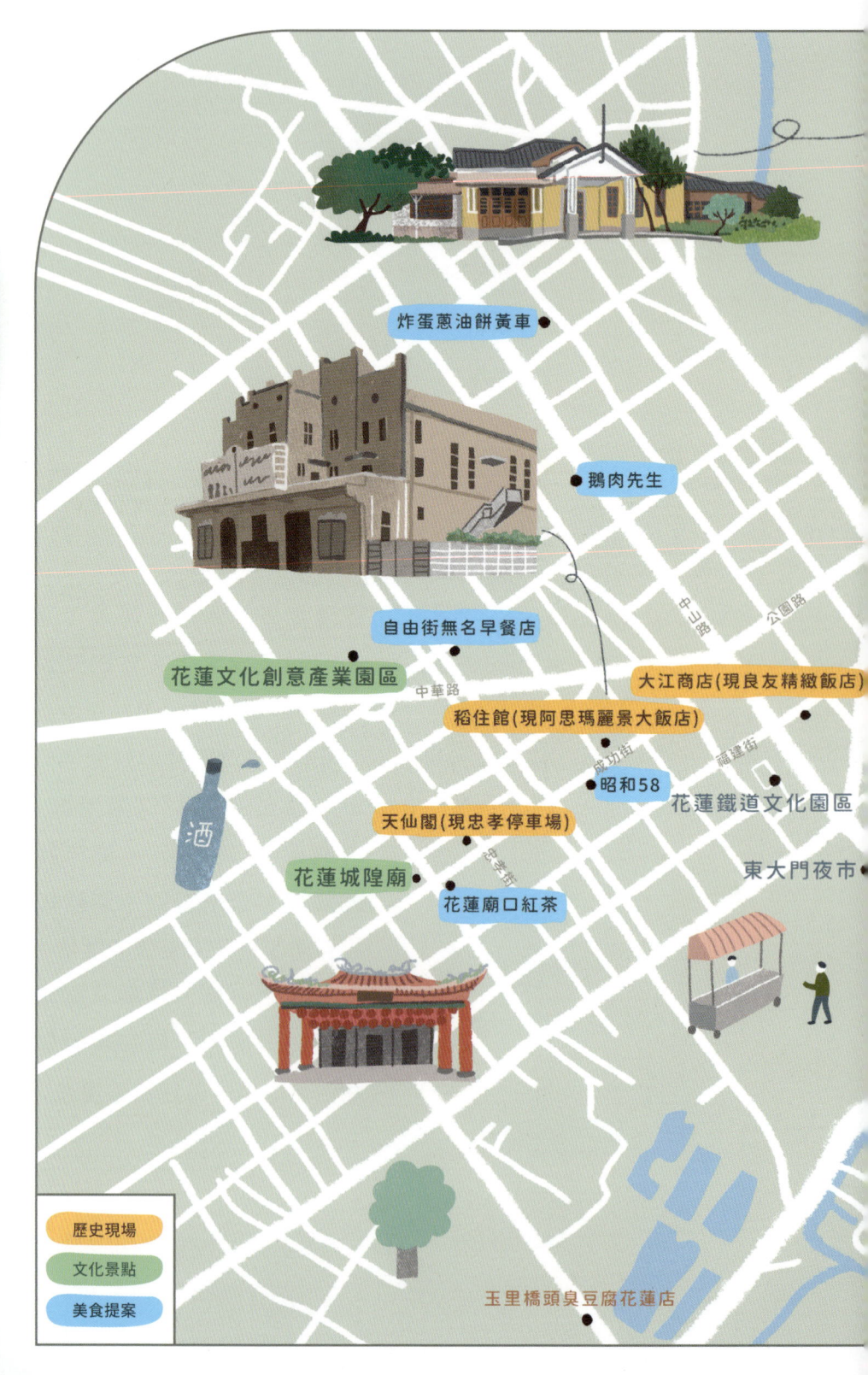

地圖標示：
- 炸蛋蔥油餅黃車
- 鵝肉先生
- 自由街無名早餐店
- 大江商店(現良友精緻飯店)
- 花蓮文化創意產業園區
- 稻住館(現阿思瑪麗景大飯店)
- 昭和 58
- 花蓮鐵道文化園區
- 天仙閣(現忠孝停車場)
- 東大門夜市
- 花蓮城隍廟
- 花蓮廟口紅茶
- 玉里橋頭臭豆腐花蓮店

道路：中山路、公園路、中華路、成功街、福建街、忠孝街

圖例：
- 歷史現場
- 文化景點
- 美食提案

- 166 -

花蓮港放送局
（現中廣花蓮廣播電臺）

松園別館
松園街

美崙溪

花蓮將軍府1936

花蓮港公會堂(現國民黨花蓮縣黨部)

太平洋

太平洋

→ PART5 打開建築記憶

歷史現場 花蓮 HUALIEN

→ 從銀座通到中正路：重返 1945 之前，老屋與檔案組成的非日常行旅路線

東部廣播事業的開端
花蓮港放送局
現中廣花蓮廣播電臺

📍 花蓮縣花蓮市松園街 96 號

花蓮市美崙山的隱藏景點「花蓮港放送局」，是一座居山望海的日式磚瓦老屋，被太平洋海風徐徐吹拂，與松林連成一片，遠遠看去頗具為神祕。1931 年臺灣放送協會成立，前後於臺北、臺中、嘉義、臺南設立放送局，1944 年選定美崙山設立花蓮港放送局，完成最後一塊全島廣播拼圖，也正式開啟臺灣東部廣播事業的故事。❶

相較現代娛樂能在彈指間輕鬆取得，彼時廣播使命重大，是市井小民取得資訊的重要管道。打開收音機，節目種類豐富多元，如新聞報導、收音機體操、國語（日語）普及時間、音樂戲劇等；而戰爭時期，甚至有配合南進政策而設計的北京語、廣東語、英語新聞節目，以宣傳日本在南洋的軍事活動。❷

二戰後，花蓮港放送局由國民黨中央廣播事業管理處（後改組為中廣）接收，並受政府委託製作政令宣導節目，擔任「遏制匪波」的角色，同時負責形塑黨國意識。直至 2006 年交通部提出訴訟，請求中廣塗銷土地所有權人登記，經過多年努力，2015 年臺灣高等法院花蓮分院判決交通部勝訴，將放送局登記為國有，讓所有權回歸花蓮縣政府。縣府將其列為歷史建築並積極活化空間，建置聲音資料庫、完善錄音設備等，推動流行音樂產業，盼為花蓮創造新的聲音風景。

相揪作陣來集會
花蓮港公會堂
現國民黨花蓮縣黨部

📍 花蓮縣花蓮市公園路 27 號

花崗山位於花蓮市區，是海拔僅 136 公尺的小山丘。日治時期，政府將花崗山頭剷平，由於地勢略高可俯瞰美景，又離市區不遠，許多公共建築如氣象觀測設施、學校等都在此設置。1922 年花崗山公園動工，不但有野球場，也有公共浴場及兒童遊園地等設施，可說是當時東部規模最大的大型公園。

日治時期花蓮港公會堂是開放市民集會的場所。

除了休閒處所的興建，由於當時花蓮還缺少一個適合公共集會的場域，於是官民聯合捐資合建「花蓮港公會堂」，與花岡山公園同年落成。這棟面積 106 坪的木造和式建築，室外設有庭院，並以石頭矮牆環繞，成為彼時花蓮重要的公共集會場所之一。

1977 年國民黨將原公會堂建築拆除，改建為縣黨部使用迄今。

PART5 打開建築記憶

歷史現場

→ 從銀座通到中正路：重返 1945 之前，老屋與檔案組成的非日常行旅路線

花蓮 HUALIEN

時移世異，曾經凝聚人們歡笑的花蓮港公會堂，戰後輾轉成為國民黨花蓮縣黨部，黨部房屋於 1977 年建築完成，坐落基地一直都是花蓮縣有土地，國民黨和花蓮縣政府直至 2017 年才訂定租約承租。換句話說，在 2017 年之前，國民黨一直長期占用花蓮縣有地作為自身黨部使用，直到 1998 年縣府開始追討使用補償金之前，國民黨都不用支出任何成本，就可以免費使用土地。4

如今我們看著這棟以白色為底、藍紅點綴，極力展現華國美學的建築，閉上眼睛運用想像力，彼時花蓮港公會堂那古樸的輪廓仍依稀可見。

商業鉅子開的雜貨鋪
大江商店
現良友精緻飯店

◉ 花蓮縣花蓮市福建街 512 號

位於福建街上的良友精緻飯店，原址是日治時期花蓮知名的「大江商店」，由創辦人大江虎吉所開設。現在建築外觀雖已無資料可考，我們仍能從《始政三十年記念出版－東臺灣便覽》、《專賣事業の人物》等書籍裡發現對其的描述，窺見大江商店舊時風光及店主人的性格。

大江商店是當時的花蓮港市重要的大米、穀物和食品批發商店，店主人大江虎吉作為當時的商業名人，在地方擔任不少要職，如酒類批發經銷商、東臺灣新聞株式會社取締役、花蓮港信用組合理事、

史料裡記載著大江虎吉的事蹟，內容描述他為花蓮港經商翹楚。

花蓮港電燈株式會社股東等，活躍領域甚廣，書中描述他總以穩重端莊的態度縱橫商界，不屈服於勢力，相當受人尊敬。

戰後，大江商店被以轉帳的方式歸於國民黨所有，後由花蓮在地曾任市民代表的林子壽購買，經營中洲旅社 **5**。1969 年花蓮市區發生火災，起火點是緊鄰中洲旅社的金山旅社，由於當時房屋多以木造，火勢迅速蔓延，中洲旅社受到波及付之一炬。**6** 產權幾經轉手，現址已是良友精緻飯店。

大江商店以轉帳方式歸於國民黨所有，幾經轉手現為良友飯店。

逛夜市看電影
稻住館
現阿思瑪麗景大飯店

📍 花蓮縣花蓮市博愛街 68 號

稻住通（今中華路一帶）是日治時期花蓮港市最繁榮的街道之一，由於鄰近鐵道，商業鼎盛，相較火車前站的「黑金通」販賣高級精品，位於後站的「稻住通」則專門販賣民生雜貨，五花八門應有盡有，熱鬧非凡。

稻住館是花蓮港街三大電影院之一，配有最時興的設備。

PART5 打開建築記憶

歷史現場

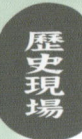

→ 從銀座通到中正路：重返 1945 之前，老屋與檔案組成的非日常行旅路線

花蓮
HUALIEN

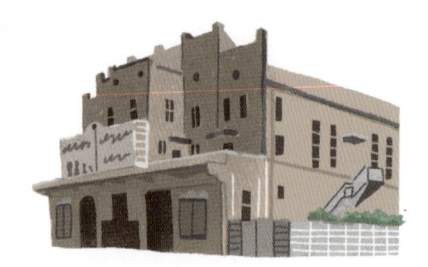

建於 1936 年的「稻住館」即以「稻住」為名，為當時花蓮港市設備最新穎的電影院，由花蓮港興業株式會社經營，建築宏偉美麗，一樓為板簧式座椅可坐 450 人，二樓可容納 250 人 **7**，與筑紫座、太洋館並列為花蓮港市三大電影院。**8** 根據《東臺灣新報》1941 年報導，稻住

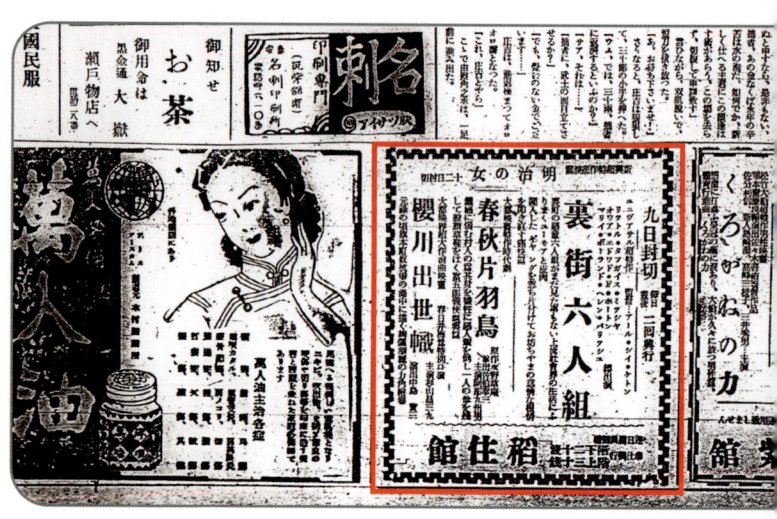

稻住館昔日刊登的電影廣告。

館後方小廣場設置了 22 間夜間攤販，包含冰店、飲料攤、帽攤、雜貨等，儼然是當時民眾趁夜市看電影的最夯打卡點。**9**

二戰後，臺灣各地戲院中有 19 家日產戲院被國民黨省黨部接管，並由黨營事業中影公司經營。稻住館後更名為「中華戲院」，肩負新政府文化宣傳政策的任務，根據《民報》報導，1946 年雙十節，中華戲院便有免費招待軍警看電影，慰勞辛勞的記載。**10**

1959 年中影將中華戲院土地賣出，1974 年重建改名為「天祥戲院」，是許多花蓮人的回憶。該處現址是阿思瑪麗景大飯店，建築外觀雖已與曾經的稻住館、中華戲院或天祥戲院相去甚遠，但走進飯店一樓仍可看見復刻的天祥戲院售票亭場景，房卡則依據早期天祥戲院勞軍入場券樣式印製，饒富趣味。

現址是阿思瑪麗景大飯店。

神明土地到燈紅酒綠
天仙閣
現忠孝停車場

花蓮縣花蓮市忠孝街 57 號

知名的彩繪溝仔尾「忠孝停車場」，有著想像不到的身世。此區在日治時期為福住通，位處花蓮港驛（舊花蓮火車站）後方，提供旅人飲食、娛樂和住宿需求，周邊旅館、茶室及酒家林立，是當時著名的紅燈區。

忠孝停車場的位置，原為日治時期酒家「東薈芳」，因意外毀損後，改建為「天仙閣」，主打川菜及粵點，1951 年遭逢地震，木造建築倒塌傾圮，風華散盡。⓫

因地震倒塌的天仙閣。

清領時期的花蓮港市鄭聖祠（鄭成功廟）。

現址為忠孝停車場。

PART5 打開建築記憶

歷史現場

→ 從銀座通到中正路：重返 1945 之前，老屋與檔案組成的非日常行旅路線

花蓮
HUALIEN

資料顯示，國民黨花蓮縣黨部曾向財政部國有財產局請撥天仙閣房屋 12 ，雖因地震倒塌緣故，實質產權未登記至國民黨名下，不過該址也曾短暫作為國民黨黨部使用。

然而，關於前後店家都因意外遭毀一事，有個更久遠的傳說。據在地人回憶，這塊土地曾是清領時期的鄭聖祠（鄭成功廟），主奉國姓爺。1938 年，日本政府推動皇民化政策，其中包含寺廟整理運動，加以合併、拆除傳統寺廟，或使民間信仰歸附日本信仰等。彼時鄭聖祠的鄰居——城隍廟才剛興建完成，信徒擔心城隍廟因政策遭波及，想起日本人也尊敬國姓爺，急中生智邀請國姓爺加入城隍廟，與城隍爺「多元成家」，廟宇才逃過拆除命運。也因此，民間傳說這塊地，是國姓爺指定用地，沒有緣分也無法蓋房子。直至 1999 年地主捐贈給公部門後，成為忠孝停車場。 13

單車後方為舊時天仙閣的廣告招牌。

文化景點

松園別館

📍 花蓮縣花蓮市松園街 65 號
🕐 09:00-18:00

「松園別館」是日治時期的花蓮港陸軍兵事部辦公室，為當時花蓮最高軍事指揮中心。由於建築地點位在美崙山制高點，可遠眺太平洋及花蓮港，加上山林鬱鬱蔥蔥，提供天然遮蔽，成為駐防基地首選。隨著時代變遷，曾經的軍事要地成為觀光景點，不只能欣賞花蓮縣僅存最完整的日治軍事建築，還有不定期的講座、展覽、演出等活動，充滿了恬靜悠然的氛圍。

花蓮將軍府 1936

📍 花蓮縣花蓮市中正路 622 巷 6 號
🕐 10:00-23:30

位於美崙溪畔的「花蓮將軍府 1936」，有花蓮小京都的美名。日治時期是花蓮港分屯大隊軍官的宿舍群，官階最高的是中村三雄大佐，當時居民口耳相傳這裡住著大將軍，因此稱作「將軍府」。經過長時間修復，昔將軍府於 2024 年重新開幕，採預約入園制，除了美食餐廳，也有和服著付、野餐餐桌、手作冷製肥皂等各種體驗活動。

PART5 打開建築記憶

文化景點

→ 從銀座通到中正路：重返 1945 之前，老屋與檔案組成的非日常行旅路線

花蓮 HUALIEN

花蓮城隍廟

📍 花蓮縣花蓮市成功街 169 號
🕒 06:00-20:00

建於 1934 年，是花蓮市內歷史悠久的廟宇，主祀城隍爺，配祀國姓爺。據耆老們回憶，當時日本政府推行皇民化政策，廟內所有進行活動，都需至派出所申請報備；而演戲酬神活動，劇本也要提前繳交，以檢查是否妨害風化或符合盡忠報國的精神。廟宇的存在體現了人民身處不同政權挑戰，也要竭力守護信仰的決心。

花蓮文化創意產業園區

📍 花蓮縣花蓮市中華路 144 號
🕒 10:00-18:00（週一公休）

建於 1913 年，為日治時期的「臺灣總督府專賣局花蓮港支局花蓮酒工場」，專門製造紅酒、米酒；戰後改名「臺灣省菸酒公賣局花蓮酒廠」以製造紹興酒及米酒為主。2002 年場域登錄為花蓮縣歷史建築，華麗變身成文化創意園區，透過舉辦藝文活動、假日市集和手作工作坊，吸引人們徜徉在歷史與藝文交織的氣息中。

美食提案

自由街無名早餐

不起眼的轉角早餐店，卻是在地人讚不絕口的美味，招牌粉漿蛋餅沾上靈魂蒜蓉醬油，再點一杯豆漿，瞬間充飽一整天的電力。

📍 花蓮縣花蓮市自由街 106 號
🕕 06:00-11:00

炸彈蔥油餅黃車

花蓮市的排隊美食之一，餅皮炸得金黃仍保持筋道，一口咬下，半熟蛋液滿溢，搭配鹹香醬料，是令人又愛又恨的邪惡小吃。

📍 花蓮縣花蓮市復興街 102 號
🅕 黃車炸彈蔥油餅
🕕 12:30-18:30（週四公休）

玉里橋頭臭豆腐花蓮店

Google 5,000 多則網友評價，維持四顆星以上的神級臭豆腐名店，外皮酥脆有層次，豆腐溼潤多汁，搭配爽脆泡菜及九層塔，讓在地人就算排隊抽號碼牌，也甘之如飴，足以想像其美味程度。

📍 花蓮縣花蓮市和平路 55 號
🅕 玉里橋頭臭豆腐（花蓮店）
🕕 11:00-18:30

花蓮廟口紅茶

鄰近城隍廟的茶點名店，從鋼管中流出甜香誘人的古早味紅茶是店內招牌，臺式馬卡龍也很受歡迎，香酥外皮夾濃郁鮮奶油，是傳統樸實的兒時回憶，也是遊客必買伴手禮之一。

📍 花蓮縣花蓮市成功街 216 號
🕕 06:00-22:00（週三公休）

昭和 58

一推開門彷彿置身日本喫茶店。鎮店甜點泡芙「昭和之心」外皮酥脆，卡士達內餡不甜膩。一邊聆聽店內撥放黑膠唱片，一邊享用點心，煩憂盡消。

📍 花蓮縣花蓮市成功街 306 號
🅕 昭和 58
🕕 13:00-19:00（公休日依店家公告）

鵝肉先生

在地人口耳相傳的小吃店，無論是鵝肉切盤或熱炒都在水準之上，鵝肉鮮嫩多汁，熱炒生猛夠味，適合和三五好友一起開心品嚐。

📍 花蓮縣花蓮市中山路 259 號
🅕 鵝肉先生
🕕 11:00-20:00（週四公休）

↓ PART5 打開建築記憶

澎湖
PENGHU

串起歲月記憶紋理

文／林必修

澎湖馬公舊名為「媽宮」，在清乾隆初期已發展出市街聚落。日治時期，澎湖於南進政策框架下居中策應，先設軍港、後建海軍基地。除了兵員與行政官員駐地，眷屬們也移居至此，更有大批日本商人瞄準商機，落腳市區，開設料理店、雜貨店、咖啡店，還有其他新興行業，如水產製造業、土木建築包工業，地方蓬勃一時。來到澎湖，換個方式重回時空走廊，也能看見不一樣的島嶼風情。

MAP ➔ 從銀座通到中正路：重返 1945 之前，老屋與檔案組成的非日常行旅路線

澎湖
PENGHU

一日時空散步路線 ↓

09:00 早餐
北新橋牛雜湯

10:00
澎湖開拓館

11:00 點心
乾益堂中藥行

11:20
頂街工房

11:50
澎湖天后宮

12:30 午餐
澎湖漁港麵店

13:00
洪根深美術館

14:00
篤行十村眷村文化保存園區

15:00
丸八旅館

15:15
澎湖郵便局

15:30
大阪商船株式會社澎湖代理店

15:45
上瀧組營業處（現寶華大飯店）

16:00 點心
巴里園冰菓室、
赤崁炸粿／建國炸粿

18:00 晚餐
弗洛伊得音樂·餐酒

地圖標示：
- 西瀛虹橋
- 介壽路
- 篤行十村眷村文化保存園區
- 張雨生故事館
- 順承門
- 潘安邦紀念館
- 馬公金龜頭礮臺文化園區

圖例：
- 歷史現場
- 文化景點
- 美食提案

- 180 -

澎湖

- 北辰市場
- 澎湖縣政府
- 澎湖開拓館
- 新生路
- 民族路
- 北新橋牛雜湯
- 弗洛伊得音樂・餐酒
- 赤崁炸粿
- 建國炸粿
- 巴里園冰菓室
- 乾益堂中藥行
- 仁愛路
- 頂街工房
- 漁隆路
- 民福路
- 澎湖天后宮
- 洪根深美術館
- 澎湖漁港麵店
- 丸八旅館
- 上瀧組營業處（現寶華大飯店）
- 澎湖郵便局
- 大阪商船株式會社澎湖代理店
- 臨海路

→ PART5 打開建築記憶

- 181 -

歷史現場

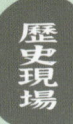

→ 從銀座通到中正路：重返 1945 之前，老屋與檔案組成的非日常行旅路線

澎湖 PENGHU

澎湖大商人開的旅店
丸八旅館

📍 澎湖縣馬公市中山路 72 號

丸八旅館昔日景象。

「丸八旅館」位於靠近馬公港的海岸通（今中山路西側），坐北朝南，由日本商人——原平九郎經營。原平九郎為九州佐賀縣人，過去在長崎縣佐世保市經營海軍指定店 **1**。日本領臺後不久，1896 年隨著海軍來到澎湖，經營海軍指定商店（媽宮要港部指定店），為海軍採購貨品。

原平九郎先是開設了販售煙草、酒、肉品及雜貨的「原商店」。特別的是，原商店還培養出九名成功的商人，成為當地

水泥牆內綠地為丸八旅館原址。

- 182 -

美談。例如丸福喫茶店的福田勝三，是在原商店服務六年之後，自立門戶經營木炭和洋雜貨生意，後因馬公地區沒有喫茶店，而在 1930 年把店面改爲喫茶店經營，生意興隆 ❷ 。

原平九郎爲人溫暖敦厚，對貧者伸出援手，受到同行敬重。1920 年臺灣地方制度改正，澎湖群島被劃入高雄州轄下，成爲澎湖郡，原平九郎被選爲澎湖街協議會員 ❸ ，退休後由兒子原平雄繼承家業。

從 1932 年出版的《澎湖島大觀》寫到原平雄「去年起兼營旅館業至今」❹ ，推測丸八旅館應是在 1931 年開張。丸八旅館於戰後由澎湖縣改造委員會接收，用途爲駐軍用 ❺ ，但後來又被改建爲「國民黨澎湖縣黨部員工宿舍」❻ ，直到 2000 年才將建物拆除，把土地還給國家。

日治重要航運的象徵
大阪商船株式會社澎湖代理店

📍 澎湖縣馬公市中山路 65 號

1844 年大阪商船株式會社成立，澎湖代理店於 1899 年在澎湖海岸通（今中正路）開設，因位置鄰近碼頭，與四周的澎湖郵便電信所、水上警察派出所、太久保百貨同處於水陸交通要塞，構築出一個新式建築群，成爲馬公現代化的象徵 ❼ 。

上瀧利雄經營的大阪商船株式會社澎湖代理店及社員。

歷史現場

→ 從銀座通到中正路：重返 1945 之前，老屋與檔案組成的非日常行旅路線

澎湖 PENGHU

「大阪商船株式會社澎湖代理店」由來自日本福岡的上瀧宇太郎負責處理業務。1924年，上瀧宇太郎逝世，家業由養子上瀧利雄繼承，經營運送業、包工業、物品販賣業及代理商等工作。上瀧利雄對地方公共事務和慈善事業不遺餘力，自 1922 年起歷任馬公街協議會員；他同時十分重視教育，先後建設了私立馬公商業補習學校、私立馬公幼稚園。[8]

戰後遣返日本前，上瀧利雄因擔心財產被接收，和臺人仕紳郭石頭合作，試圖將企業改為臺日合資，以規避日人私產充公的規定，也因此以藏匿財產及軍器之嫌，遭澎湖警務局拘留[9]。大阪商船株式會社澎湖代理店隨後也被澎湖縣政府接收，但從 1952 年的檔案來看，此處已被國民黨臺灣省澎湖縣政府改造委員會當作宿舍使用[10]，1968年，原址由國民黨臺灣省委員會買下。1994 年土地所有權人改為社團法人國民黨，2002 年轉賣給一般民眾，現有一部分為釣具行店面。

上瀧家族事業版圖之一
上瀧組營業處

現寶華大飯店

📍 澎湖縣馬公市中正路 2 號

「上瀧組營業處」位於今中正路二號，由日籍商人上瀧柳作營運。他來自日本福岡縣，1902 年隨叔叔上瀧宇太郎登島，協助土木建築工作，同時也經營五金、木材等買賣[11]；1913 年把土木及建築工程業獨立出來，稱為「上瀧組」。上瀧柳作發明的「上瀧

上瀧組營業處一景。

現址為寶華大飯店。

式水泥改良理想瓦」暢銷全臺，在臺灣本島多處也設有製造此水泥瓦的工廠 ⑫。此外，他也曾在1933年承包「澎湖廳舍新建工程」（今澎湖縣政府前棟），獲得各界好評 ⑬。

專注事業的同時，上瀧柳作也在馬公從事漁業，並發明了發動機漁船 ⑭，對澎湖漁業貢獻重大。政治上，他於1920年被選為澎湖街協議員 ⑮、1926年擔任高雄魚市株式會社監事 ⑯，活躍於政商界。

戰後，上瀧組營業處由縣政府接收，並租給馬公軍人服務社使用 ⑰。不過，雖然土地屬於縣府，地上權卻於1953年撥給國民黨澎湖縣黨部；1977年，土地賣給國民黨臺灣省委員會，縣府當時讓步出售土地，但規定不得轉售，需作為黨營事業機構使用。然而，取得土地一年後，國民黨便將部分土地賣給寶華大飯店；1988年又將所有產權皆售予寶華大飯店 ⑱。昔日上瀧家族打造的馬公榮景也走進時空塵封。

PARTS 打開建築記憶

文化景點

澎湖 PENGHU

→ 從銀座通到中正路：重返 1945 之前，老屋與檔案組成的非日常行旅路線

澎湖開拓館

📍 澎湖縣馬公市治平路 30 號
🕘 09:00-12:00，14:00-17:00
（週一至週二公休）

1935 年落成的澎湖廳廳長官舍，戰後成爲澎湖縣長公館，前後共入住了 14 任長官。2002 年登錄爲歷史古蹟，並修復爲「澎湖開拓館」。建築採和洋折衷形式，牆基爲洗石子，屋面瓦是日本文化瓦；而待客室及餐廳爲洋式，起居室採和式座敷設計。來參與不定期舉辦之活動的同時，也能漫步庭園享受悠靜。

頂街工房

📍 澎湖縣馬公市中央街 37 號
f 頂街工房
🕘 10:00-18:00

創立於 1956 年的西河印刷廠，是澎湖最古老的印刷工廠，隨著活版印刷沒落而淡出舞臺。工廠經歷改建後，現蛻變爲文創商店「頂街工房」，展示早期活版印刷器具和各式印刷用鉛字。來到此處，除了認識印刷工藝歷史，也能在鉛字探索中找到樂趣。

- 186 -

文化景點

澎湖天后宮

📍 澎湖縣馬公市正義街 1 號

全臺灣最悠久的媽祖廟，歷史可追溯至 1604 年，1983 年更名列臺閩地區國家一級古蹟。主奉金面媽祖，神龕兩側有四幅珍貴的「擂金畫」，顏料中添加了金箔或金粉等材料，在臺灣本島並不常見。而殿內石雕、鑿花和廟宇前的八卦型臺階也很有特色，值得細細欣賞。

洪根深美術館

📍 澎湖縣馬公市民族路 15-1 號
🕘 09:00-12:00，14:00-17:00
（週一至週二公休）

臺灣水墨畫家洪根深是澎湖在地人，這座以他為名的美術館，2020 年落腳於三百多年歷史的建築裡；此處曾是清代的澎湖水師協鎮署，後改為澎湖通判衙門，日治時期則為澎湖廳憲兵分隊的基地。2019 年，洪根深捐贈近兩百件作品予澎湖縣文化局，催生美術館的成立，2002 年登錄為歷史建築。如今展示區為舊馬房、和室、劍道室改設，環境舒適幽靜，可慢下腳步欣賞畫作。

↓ PART5 打開建築記憶

文化景點

→ 從銀座通到中正路：重返 1945 之前，老屋與檔案組成的非日常行旅路線

澎湖 PENGHU

篤行十村眷村文化保存園區

📍 澎湖縣馬公市中山路 5 號

日治時期的官舍群，戰後改為澎湖防衛司令部軍眷宿舍，也是臺澎最早成立的眷村。不同於臺灣本島的眷村形式，宿舍雖是日式建築，部分造型卻走歐美風格，建材也具備了澎湖地方風土形貌，如硓𥑮石牆，極富保存價值。而此眷村也是兩位已故歌手張雨生和潘安邦的故鄉，行至此處，別忘了前往園區各場館走走，進一步認識在地故事。

澎湖郵便局

📍 澎湖縣馬公市中山路 75 號

鄰近馬公商港口處，一棟顯目的綠色建築「澎湖郵便局」建於 1924 年，屋頂由灰白色水泥製瓦鋪設而成，彷彿一頂幕府將軍頭盔。2002 年登錄歷史建築，2018 年文化部在澎湖郵便局設立「澎湖水下考古站」，如今到訪此處，也能參觀水下文化資產相關展覽。

美食提案

北新橋牛雜湯

飄香五十年的在地好滋味。牛雜湯搭配肉包是推薦早餐組合，以牛骨清燉的湯頭濃郁鮮美，肉質軟嫩，牛雜彈牙；肉包皮厚、內餡扎實，好吃又飽足。

📍 澎湖縣馬公市文康街 34 號
🕐 05:40-11:30

乾益堂中藥行

這間見證殖民歲月的百年中藥行，大門前方是另一個縣定古蹟「四眼井」，早期因地利之便，洗藥、煮藥用水皆取自四眼井。而老店傳承至今的藥膳茶葉蛋則香氣撲鼻，吸引旅客一嘗。

📍 澎湖縣馬公市中央街 42 號
ⓕ 乾益堂中藥行
🕐 08:30-18:00

澎湖漁港麵店

已有五十年歷史的麵店，每到用餐時刻總是人潮眾多。討海生活需大量體力，在地人上工前總會來上一碗熱騰騰湯麵，搭配黑白切；大骨熬製湯頭鮮美醇厚，油麵點綴肉片與青蔥，吃在口中也能同步體驗當地生活。

📍 澎湖縣馬公市臨海路 4-1 號
ⓕ 澎湖漁港麵店
🕐 06:30-13:30（週三公休）

巴里園冰菓室

1957 年營業，當年咖啡廳屬於特種營業，於是以冰菓室名義申請營業執照，待咖啡廳可申請一般營業執照後，此處便成為澎湖首家擁有咖啡店執照的店家，充滿特殊的在地意義。

📍 澎湖縣馬公市民權路 61 號
ⓕ 巴里園 since1957
🕐 12:00-18:00

赤崁炸粿／建國炸粿（素食）

馬公的代表性小吃——炸粿。形似蚵嗲，在麵糊裡放入高麗菜絲和碎肉等下鍋油炸，滋味香脆清甜；點餐時，再來一份香 Q 炸米糕，就是本地內行吃法。

ⓕ 赤崁炸粿
🕐 14:30–19:30
ⓕ 建國炸粿
🕐 14:30-18:00

弗洛伊得 音樂・餐酒

澎湖第一間酒吧，餐點實力不輸餐廳。燈光美氣氛佳，每個座位的布置都相當用心。推薦必點餐點是鹽酥中卷，澎湖現撈海產，鮮美爽脆實為一絕。

📍 澎湖縣馬公市新生路 2 號
ⓕ 弗洛伊得音樂・餐酒 Freud Bar
🕐 19:30-02:30

PART5 打開建築記憶

後記

→ 從銀座通到中正路：重返 1945 之前，老屋與檔案組成的非日常行旅路線

林育正

曾經有一段時間，我看不到臺灣的美好，所謂的華國美學是如此的醜惡，多看一眼都令人生厭。總以為日式風格才是優美，澳門刺眼的霓虹燈閃爍則是別有一番滋味，就是無法欣賞臺灣的美好。這次書寫的過程卻讓我有著不同的體會。

在城市間移動，在街區間穿梭，不論是騎著單車或是徒步而行，都能真真切切地感受一個城市的脈動。跟一起排隊的人聊天，跟夜市併桌的餐友打聽在地消息，當地人給我的回應都是如此的熱情暖心、生猛刺激。行走在城市若能輔以資料爬梳，在窮極無聊的嘉義中正公園我看到了公會堂的典雅優美；在僵硬生冷的基隆郵局瞧見了基隆郵便局的壯麗恢宏。想像力是超能力，更認識這座城市，城市會回報你更多更多。

三島由紀夫曾說：「過去不僅僅會把我們拉回過去，過去的記憶之中，處處有數量不多卻強韌的鋼鐵發條，現在的我們一旦碰觸，發條就會立刻把我們彈向未來。」只有更認識我們生存的土地，認識這片土地上的語言、歷史、文化、故事，才會更有自尊更有底氣的說自己是臺灣人！於是，我們有了未來。

張瑋珊

參與本書撰寫，有機會離開辦公室，親身感受不同城市的獨特氛圍與歷史文化。臺北市是政經中心，從臺北驛、旅館、博物館、新公園、放送局、總督府至榮町，可以看出日治的都市規劃痕跡；走訪板橋則能觀察到地方仕紳對於在地教育及信仰中心的投入與挹注，當然還有以興建介壽堂為由，取得房地獲利的黨國合作隱密痕跡。新竹以典雅的新竹驛作為起點，行經清代留下的迎曦門、日治的白水旅館、新竹市役所和新竹州廳，整個城市就是時空膠囊，充分感受時空交錯。花蓮擁有得天獨厚的自然環境，在山海間踏查，放送所、公會堂、稻住館各有故事，還有令在地人津津樂道的城隍廟傳說。每個縣市都散發著無窮魅力，戴上在地文史的特製眼鏡，原本尋常的城市風景，忽然間有了縱深，再套上不當黨產濾鏡，許多地點位於城市精華地段，在房價高漲的今日，這些財產在黨國威權之下，取之容易用之不義，令人感嘆。

資料採集過程中，印象最深刻的莫過於動身前往花蓮之際，發生芮氏 7.2 強震（2024 年 4 月 3 日），雖有餘震且災情嚴重，但仍依原定計畫前往。抵達花蓮時，映入眼簾的是多處大樓被封鎖線圍繞，當地人雖遭逢重創，仍堅強生活，不忘對遊客展現關懷。我想，花蓮人面對困境表現出的堅毅與溫暖勇氣，正是臺灣精神的寫照。

透過本書，將不當黨產點連成線，串聯歷史現場、文化景點和美食，誠摯邀請讀者用雙腳丈量城市的獨特風貌，用雙眼細細品味歷史文化遺韻。

後記

林必修

感激能夠參與這個計畫，這條追尋之路，不只回溯見證歷史建築所留下之身影，還召回歷史洪流下許多牽動人心的遭遇：戰後向政府租用並繼續經營四春園旅社的民眾李淡水；曾在福井治雄商店臺南支店擔任店員的葉姓民眾偕友人投入鉅資修繕持續開店，卻被占用或要求遷出。而壽星戲院總經理林迦不僅是企業家、首任鹽埕區區長，還是高雄市黨務指導員辦事處執行委員，連這樣的地方頭人，在黨的意志面前，也不得不低頭，不由得為他們的經歷抱屈。

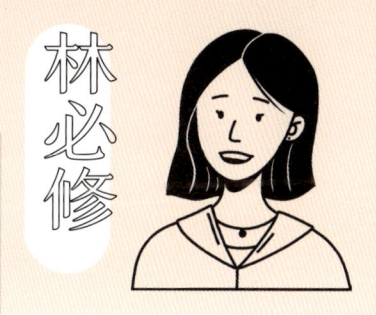

回憶這段旅程，行走在被古蹟群圍繞的臺南中西區，造訪愛國婦人會館、南門電影書院、臺南市中西區圖書館暨二二八紀念館等，都讓人更加認識臺南的不同面向。現為南安藥房的福井治雄商店臺南支店，外觀雖被鐵窗包住，內部仍似維持日治街屋樣貌。而四春園雖已不復存在，但行至不遠處的奉茶‧十八卯稍作歇息，仍能細細體會老屋的韻味。

散步在新舊融合下的鹽埕，第一公有零售市場於早晚不同時分到訪，都有驚喜值得探索。銀座聚場所在之處是日治時期的「高雄銀座」、1950年代的國際商場，用完餐走進拱廊街，恍若踏入時光隧道。而走訪馬公的中央街，沿著小巷弄，穿梭在天后宮、四眼井之間，彷彿自然而然就融入此地。澎湖的歷史現場鄰近碼頭，在漁港麵店吃飽喝足，沿著海邊走，藍天碧海讓人一飽眼福；騎著腳踏車前往篤行十村的路上，也能感受愜意海風。

這一切能夠實現，要感謝會內同仁，歷史現場和黨產千絲萬縷的關係得以現身，奠基在他們厚實的研究成果；也謝謝一起出遊踏查、協助拍照與分享美食的夥伴。誠摯邀請讀者按圖索驥實際走訪，感受在地活力；若有臺南、高雄、澎湖的鄉親曉得更多關於這些歷史現場的故事，還請不吝指教。

↓ 附錄

藍逸丞

一段文字故事的旅程，往往受限於「時間」、「篇幅」以及作者的能力。關於那些曾經發生的事情及影響，其中所能探知的事實或真相，取決於我們看待它的方式，而身為後生窮盡力氣所能窺見的，也常常僅有全貌的十之一二。

根據教育部《重編國語辭典修訂本》的釋義，「黨部」是政黨辦理黨務的機關，而那些比以前更久的從前，一個政黨所辦理的並不局限於黨務，為此「黨產」於臺灣歷史中存有的多面向性，實際上超出了當代的想像。

就拿二戰戰後政府接收日產的處理過程來看，在1946年有所謂的政黨「接用」與「撥歸公用」。爾後，在國防最高委員會於1947年4月11日第227次常務會議核定「轉帳」後，若干日產對國民黨而言已有購妥為黨有產業（政黨財產）的意義，而屏東市黨部的轉帳房地產業，則分別有著辦公處、社會服務處、社會食堂、合作社與宿舍等情狀。以上所述只是冰山的一角，在過去這麼長的一段時間裡頭，這座城市究竟曾有多少的「黨產」，這個問題彷彿只有湖中女神能回答。

本章得以完成，要感謝那許許多多前輩的投入、書寫與分享。我想，用散步的方式重新認識屏東，在每日健康一萬步當中所促成的，除了念舊，能為了那些忘的差不多，卻又值得想起來的事情多走一步，也就足夠了。

註釋

→ 從銀座通到中正路：重返 1945 之前，老屋與檔案組成的非日常行旅路線

→ 基隆・找尋海港記憶拼圖

1. 「基隆的銀座——義重町」，獨立評論＠天下，檢自 https://opinion.cw.com.tw/blog/profile/194/article/7686。
2. 「（番外）：全市 No:1 基隆幼稚園」，愛哭の黑熊，檢自 https://icry.tw/archives/2062。
3. 「【國民黨基隆市黨部】轉帳撥用、還地續租、屋占國土」，不當黨產處理委員會政黨不動產查詢系統，檢自 https://cipas-pad.nat.gov.tw/picks/19。

→ 臺北・走進島都時代風華

1. 陳柔縉，《一個木匠和他的台灣博覽會》，2018，麥田出版，頁 164-165。
2. 鄧慧恩、陳秀玲、白春燕、蔡佩家、陳宇威撰文；鄭清鴻編輯，《黨產偵探旅行團》，2022，前衛出版，頁 102-105。
3. 葉龍彥，《臺灣旅館史》，2004，臺北市文獻委員會，頁 56-57。
4. 徐逸鴻，《圖說日治台北城》，2013，貓頭鷹出版社，頁 70-71。
5. 魚夫，《臺北城・城內篇：你不知道的老建築、古早味 60 選》，2016，天下文化，頁 205-207。
6. 高傳棋，《台北放送局暨臺灣廣播電台特展專輯》2008，臺北市文化局，頁 33-35。
7. 莊永明，《城內舊事：臺北建城 130 週年》，2014，臺北市文獻委員會，頁 112-115。
8. 同前註，頁 46。
9. 「國民黨原中央黨部大樓前身 竟是日治時期紅十字會 與總督府『一公一母』建築對話」，2018 年 5 月 22 日，風傳媒，檢自 https://www.storm.mg/article/440504。
10. 「黨中央叫凱歌歸 原本是餐廳名稱」，2006 年 3 月 23 日，自由時報，檢自 https://news.ltn.com.tw/news/politics/paper/63272。
11. 「【國民黨舊中央黨部】借地不還、先占後租、租後申購」，不當黨產處理委員會政黨不動產查詢系統，檢自 https://cipas-pad.nat.gov.tw/picks/16。
12. 「台北市那些曾『列冊追蹤』的文化資產 後來怎麼了？」，2018 年 1 月 4 日，聯合新聞網鳴人堂，檢自 https://opinion.udn.com/opinion/story/11472/2911038。
13. 蘇碩斌等著，《臺北城中故事：重慶南路街區歷史散步》，2019，左岸文化出版、遠足文化發行，頁 76。
14. 「榮町通上的正中書局（上）」，黨國治理記憶庫，檢自 https://www.stories.cipas.gov.tw/post/「榮町通」上的正中書局 - 上篇；「榮町通上的正中書局（下）」，黨國治理記憶庫，檢自 www.stories.cipas.gov.tw/post/「榮町通」上的正中書局 - 下。

→ 新北・來去板橋探幽尋古

1. 「【國民黨新北市黨部】公家徵收、土地黨用」，不當黨產處理委員會政黨不動產查詢系統，檢自 https://cipas-pad.nat.gov.tw/picks/14。
2. 吳昱瑩，《跟著日本時代建築大師走：一次看懂百年台灣經典建築》，2021，晨星出版，頁 144-145、頁 151-152。

[3] 張震鐘主持，《新北市市定古蹟台北放送局板橋放送所修復及再利用工程工作報告書》，2023，新北市文化局，頁 5。
[4] 同前註，頁 15。

→ 新竹・重溫風城摩登時光
[1] 「60 年前 張和世幫蔣公別墅除蟻」，2011 年 7 月 25 日，中時新聞網，檢自 https://www.chinatimes.com/newspapers/20110725000354-260102?chdtv。
[2] 廖怡錚，〈傳統與摩登之間——日治時期臺灣的珈琲店與女給〉，國立政治大學臺灣史研究所碩士論文，2011，頁 159-162。
[3] 蔡婉緩，《慢遊竹塹：新竹市古蹟導覽》，2013，新竹市文化局，頁 89。
[4] 同前註，頁 91。

→ 臺中・尋找時代人文底蘊
[1] 鄧慧恩，〈坐擁飛機，也飛不出黨國隻手遮天〉，《黨產偵探旅行團》，2022，前衛出版，頁 110。
[2] 「【國民黨台灣省黨部及宿舍 (舊址)】大批農地變建地、賣黨營事業獲利」不當黨產處理委員會政黨不動產查詢系統，檢自 https://cipas-pad.nat.gov.tw/picks/59。
[3] 「文化城中城歷史現場 - 臺中戲院與謝雪紅」，臺中市文化局，檢自 https://www.culture.taichung.gov.tw/2186654/post。
[4] 「春田館」，不當黨產處理委員會黨國治理記憶庫，檢自 https://www.stories.cipas.gov.tw/taichung/ 春田館。
[5] 「臺中座」，二二八事件紀念基金會，檢自 https://www.228.org.tw/courses-1/ 臺中座。
[6] 「歷史建築 臺中市役所」，臺中市文化資產處，檢自 https://www.tchac.taichung.gov.tw/historybuilding?uid=34&pid=1。

→ 嘉義・重溫桃城消逝光影
[1] 「第一代嘉義座」，國家文化記憶庫，檢自 https://memory.culture.tw/Home/Detail?Id=251719&IndexCode=Culture_Object。

→ 臺南一・遇見府城前世今生
[1] 李重耀，《臺南市市定古蹟原臺南愛國婦人會館調查研究與修復計畫報告書》，重耀建築師事務所，2003，頁 88。
[2] 「陳欽生」，國家人權記憶庫，檢自 https://memory.nhrm.gov.tw/TopicExploration/ Person/Detail/3527。
[3] 傅朝卿，《台南市古蹟與歷史建築總覽》，臺灣建築與文化資產，2001，頁 227。
[4] 「臺南放送局 欲放送臺灣音樂 如有南北管曲盤者 請借一用以公同好」，《臺南新報》，1932 年 4 月 27 日，第 8 版，檢自 https://newspaper.nmth.gov.tw/search/detail/R-04-000566-103078。
[5] 「臺南放送局四千聽取者　有贈者色寫真」，《漢文臺灣日日新報》，1933 年 1 月 25 日，夕刊，n04 版。

註釋

→ 從銀座通到中正路：重返 1945 之前，老屋與檔案組成的非日常行旅路線

6. 〈台南世界館落成〉，《臺灣日日新報》，1930 年 12 月 24 日，第 5 版。
7. 葉龍彥，《日治時期台灣電影史》，玉山社，1998，頁 353。
8. 厲復平，《府城・戲影・寫真：日治時期臺南市商業戲院》，獨立作家，2017，頁 140-146。
9. 國家發展委員會檔案管理局，〈為台南延平世界兩戲院經省黨部財務委員會派員接收經過情形報告〉，1947 年 2 月 5 日，檔號：A375000100E/0036/266.1/2/1/022。
10. 厲復平，〈日治時期台南市宮古座戲院考辨〉，《戲劇學刊》第 25 期，2017，頁 18。
11. 賴品蓉，〈日治時期台南市戲院的出現及其文化意義〉，國立清華大學台灣文學研究所碩士論文，2016，頁 68。
12. 不詳，〈宮古座〉，《臺灣藝術新報》，第 2 期第 1 卷，1935，頁 51。
13. 葉龍彥，《台灣老戲院》，遠足文化，2004，頁 26-40。
14. 同註 10，頁 19。
15. 不詳，〈宮古座いよいよ椅子席に改造さる〉，《臺灣公論》，第 7 期第 4 卷，1939，頁 11。
16. 同註 9。
17. 不當黨產處理委員會，《中央電影事業股份有限公司初步調查報告》，2017，頁 23。

→ 臺南二・點亮古城記憶幽光

1. 歐素瑛編，《臺灣省參議會史料彙編：日產篇 (2)》，國史館，2009，頁 26-27。
2. 同註 1，頁 315-316。
3. 江丕承，〈南市中區民眾服務站成立前後〉，《民運導報》第 10 期，1955，頁 37。
4. 「【國民黨臺南市黨部】（舊址）先占後租、租後申購、黨營事業代為取得」，不當黨產處理委員會政黨不動產查詢系統，檢自 https://cipas-pad.nat.gov.tw/picks/25。
5. 何培齊，《日治時期的臺南》，國家圖書館閱覽組，2007，頁 27。
6. 王美雯，〈日治時期臺南旅人宿業之研究〉，國立臺南大學文化與自然資源學系碩士論文，2014，頁 66-67。
7. 林獻堂，「灌園先生日記/1927-01-16」，臺灣日記知識庫，檢自 https://taco.ith.sinica.edu.tw/tdk/%E7%81%8C%E5%9C%92%E5%85%88%E7%94%9F%E6%97%A5%E8%A8%98/1927-01-16；林獻堂，「灌園先生日記/1930-11-02」，檢自 https://taco.ith.sinica.edu.tw/tdk/%E7%81%8C%E5%9C%92%E5%85%88%E7%94%9F%E6%97%A5%E8%A8%98/1930-11-02?w=%E5%9B%9B%E6%98%A5%E5%9C%92&p=%E5%9B%9B+%E6%98%A5+%E5%9C%92；林獻堂，「灌園先生日記/1932-04-10」，檢自 https://taco.ith.sinica.edu.tw/tdk/%E7%81%8C%E5%9C%92%E5%85%88%E7%94%9F%E6%97%A5%E8%A8%98/1932-04-10?w=%E5%9B%9B%E6%98%A5%E5%9C%92&p=%E5%9B%9B+%E6%98%A5+%E5%9C%92；林獻堂，「灌園先生日記/1932-04-11」，檢自 https://taco.ith.sinica.edu.tw/tdk/%E7%81%8C%E5%9C%92%E5%85%88%E7%94%9F%E6%97%A5%E8%A8%98/1932-04-11?w=%E6%8C%AF%E7%A6%8F&p=%E6%8C%AF+%E7%A6%8F。
8. 國家發展委員會檔案管理局，〈李淡水呈為臺南市黨部侵占四春園旅社案〉，1949 年 6 月 2 日，檔號：C5060607701/0036/ 省 037/001/0001/016；歐素瑛編，《臺灣省參議會史料彙編—日產篇 (2)》，國史館，2009，頁 269-277。

[9] 臺灣省臺南市議會秘書室編,《臺南市議會第七屆第一次定期大會議事錄》,頁 98-99。

[10] 同註 5,頁 134。

[11] 李孝悌,〈黨營事業不當黨產處理之合憲性與難題:以臺南地區接收日產為例〉,《黨產研究》,第 2 期,2018,頁 13。

[12] 國家發展委員會檔案管理局,〈中華日報資料室現為充實二二八事件各地發生詳情及處理過亟需各種有關資料〉,1947 年 5 月 28 日,檔號:A376590000A/0036/192.5-10/1/6/022。

→ 高雄・探尋港都吉光片羽

[1] 李文環,《高雄第一盛場鹽埕風》,捷徑文化,2021,頁 229。

[2] 中山馨、片山清夫,《躍進高雄の全貌》,成文出版社,1940,頁 327。

[3] 國家發展委員會檔案管理局,〈為奉令移交各日產電影院附送冊表〉,1947 年 1 月 22 日,檔號:A375000100E/0036/266.1/2/1/008。

[4] 林美秀,《高雄電影紀事》,高雄市政府新聞處電影圖書館,2003,頁 62。

[5] 同註 1,頁 478。

[6] 「鹽埕座創立總會」,《臺灣日日新報》,1930 年 4 月 13 日,第 2 版。

[7] 國家發展委員會檔案管理局,〈電請准將高雄市壽星戲院由原經營人承購繼續經營公免損失乞指准所請〉,1947 年 2 月 20 日,檔號:A375000100E/0036/266.1/2/2/002。

[8] 同註 2,頁 328。

[9] 「高雄鹽埕座改為壽山座」,《漢文臺灣日日新報》,1931 年 05 月 18 日,第 8 版。

[10] 同註 1,頁 236。

[11] 同註 3。

[12] 同註 7。

[13] 國家發展委員會檔案管理局,〈據請將壽星戲院由原經營人繼續一節〉,1947 年 2 月 22 日,檔號:A375000100E/0036/266.1/2/2/001。

[14] 許雪姬、方惠芳,〈王玉雲先生訪問紀錄〉,《高雄市二二八相關人物訪問紀錄〈上〉》,中央研究院近代史研究所,1995,頁 217;蔡博任、杜正宇,〈高雄市二二八史蹟探查〉,《高雄文獻》10 卷 1 期,2020,頁 168;張守真,〈高雄市區「二二八事件(高雄三三事件)」與士紳救援工作〉,《高雄文獻》第 7 卷第 3 期,2017,頁 15。

[15] 「南部宣導組抵鳳山 分區展開工作 高雄市宣傳隊普遍講演」,《中華日報》,1947 年 05 月 03 日,第 3 版。

[16] 同註 4,頁 140。

[17] 不當黨產處理委員會,《中央電影事業股份有限公司初步調查報告》,2017,頁 22。

[18] 同註 2,頁 311-312。

[19] 同註 18。

[20] 同註 18。

[21] 許桂霖主修,《重修高雄市志》,卷二,民政志(下),高雄市政府,1990,頁 348。

註釋

→ 從銀座通到中正路：重返1945之前，老屋與檔案組成的非日常行旅路線

→ 屏東・挖掘時間變遷痕跡

[1] 上官恁，《民眾服務概述》，中央文物供應社，1954，頁62。

[2] 1980年3月22日屏東縣政府屏府財產字第26160號函（稿），不當黨產處理委員會調查所得文件。

[3] 中國國民黨臺灣省屏東縣委員會1984年10月2日(73)屏服字第857號公文，引自臺灣省委員會復屏東縣委員會陳報與屏東市民眾服務分社合建辦公大樓案，臺灣省黨部文件系列政治檔案，省116/002.005。

[4] 同前註。

[5] 「【國民黨屏東縣黨部】（舊址）想搬家，就可以買縣有地」，不當黨產處理委員會政黨不動產查詢系統，檢自 https://cipas-pad.nat.gov.tw/picks/27。

[6] 「國民黨屏東縣黨部喬遷 250黨員熱鬧參與」，2019年5月31日，中時新聞網，檢自 https://www.chinatimes.com/realtimenews/20190531003470-260508?chdtv。

[7] 〈屏縣各種黨部籌慶建黨紀念〉，《墾丁》，墾丁月刊社，第32期，1982年11月22日，第1版。

[8] 中國國民黨臺灣省屏東縣委員會1987年4月22日(76)屏二服字第5213號公文，引自臺灣省委員會復屏東縣委員會陳報擬將舊有辦公大樓與屏東憲兵隊辦公廳舍交換，並由屏東市民眾服務分社遷入屏東憲兵隊現址辦公案，主題：臺灣省黨部文件系列政治檔案，檔案典藏機關：國家發展委員會檔案管理局，檔號：C5060607701/0076/ 省139/001/0003/016，國家檔案資訊網。

[9] 中國國民黨臺灣省屏東縣委員會1989年5月16日(78)屏二服字第499號公文，引自臺灣省委員會復屏東縣委員會關於該會陳報第一區黨部辦公廳現址房地先租後購案，主題：臺灣省黨部文件系列政治檔案，檔案典藏機關：國家發展委員會檔案管理局，檔號：C5060607701/0078/ 省176/002/0001/001，國家檔案資訊網。

[10] 同前註。

[11] 同註9。

[12] 《民眾團體名錄》，中華民國民眾團體活動中心，1982，頁274。

[13] 文星廣報事業社編撰，《屏東市采風錄》，屏東市公所，2001，頁93。

[14] 中國國民黨臺灣省屏東市黨務指導員辦事處報告（1946年9月4日玫申支黨事字80號公文），引自屏東市黨務指導員辦事處為奉獎勵填報中山堂概況調查表報請臺灣省委員會查核，主題：臺灣省黨部文件系列政治檔案，檔案典藏機關：國家發展委員會檔案管理局，檔號：C5060607701/0035/ 省339/001/0001/005。

[15] 〈臺灣電影公司轉帳撥用戲院〉，《財政部國有財產局》，國史館藏，數位典藏號：045-070603-0224。

[16] 謝斐如，〈《黨營文化事業》系列報導「龍頭老大」重振雄風——中影公司積極再造璀璨春天〉，《婦友》，第73期（革新號），1991，頁89。

[17] 同註14。

[18] 《本黨經營事業概況》，中央委員會財務委員會，1953，頁42後附表。

⑲ 「屏光華戲院擴建完工，上演双喜」，《臺灣民聲日報》，1957 年 11 月 19 日，第 5 版，檢自國立公共資訊圖書館數位典藏服務網。

⑳ 「屏東光華戲院今正式揭幕，由王莫愁等剪綵」，《臺灣民聲日報》，1966 年 1 月 1 日，第 8 版，檢自國立公共資訊圖書館數位典藏服務網。

㉑ 「黨產處字第 107007 號處分書」，不當黨產處理委員會，2018 年 10 月 9 日，頁 17-22，檢自 https://www.cipas.gov.tw/gazettes/218。

㉒ 「與中影股份有限公司簽署行政和解契約之說明」，不當黨產處理委員會，2021 年 8 月 24 日，檢自 https://www.cipas.gov.tw/presses/361。

→ 花蓮・漫遊山海踏查時空

① 「美崙山上的花蓮港放送局」，花蓮縣政府全球資訊網花蓮縣再造歷史現場計畫，檢自 https://map.hl.gov.tw/ arcgis/apps/Cascade/index.html?appid=3f3943a6233a41d482f6336cdf96c5a9&folderid=5266 ed73ecf944a487e5d588887340db。

② 呂紹理，〈日治時期臺灣廣播工業與收音機市場的形成（1928-1945）〉，《國立政治大學歷史學報》19 期，2002，頁 308。

③ 葉柏強、黃家榮，《帶你回花蓮，穿梭街市百年》，蔚藍文化，2022，頁 94、頁 222。

④ 「【國民黨花蓮縣黨部】僭居機關久占公產、變更土地分區改租」，不當黨產處理委員會政黨不動產查詢系統，檢自 https://cipas-pad.nat.gov.tw/picks/28。

⑤ 「角逐總幹事群雄出馬 競選市代表百折不撓」，《聯合報》，1955 年 7 年 17 日。

⑥ 「花鬧市大火 焚燬店房二十一間 損失資財一千餘萬」，《聯合報》，1969 年 6 月 30 日。

⑦ 「稻住座 / 稻住館」，臺灣老戲院文史地圖 (1985-1945)，檢自 http://map.net.tw/theater/item/h2/。

⑧ 「花蓮港市民夜間散步場出現稻住館後夜店開業」，國家文化記憶庫，檢自 https://memory.culture.tw/Home/Detail?Id=600424&IndexCode=Culture_Object。

⑨ 「花蓮港某映畫館內部」，國家文化記憶庫，檢自 https://tcmb.culture.tw/zh-tw/detail?indexCode= Culture_Object&id=515900。

⑩ 「花蓮市電影館國慶慰勞軍警」，《民報》，1946 年 10 年 15 日。

⑪ 葉柏強，《顧我洄瀾—花蓮歷史影像集》，花蓮縣文化局，2016，頁 322-323。

⑫ 〈花蓮縣黨部請撥天仙閣房屋〉，《財政部國有財產局》，國史館藏，數位典藏號：045-090302-0054。

⑬ 同註 3，頁 232。

→ 澎湖・串起歲月記憶紋理

① 井原伊三太郎編，鄭紹裘譯，《澎湖島大觀》，澎湖縣文化局，2020，頁 103。

② 同前註，頁 103、113；林文鎮等編，《馬公市各里人文鄉土叢書》，第一輯，馬公南北甲：中央里、復興里、新復里、長安里，澎湖縣馬公市公所，2006，頁 84。

附錄

註釋

- 197 -

註釋

→ 從銀座通到中正路：重返 1945 之前，老屋與檔案組成的非日常行旅路線

[3] 內藤素生，《南國之人士》，臺灣人物社，1922，頁 317。

[4] 同註 1。

[5] 〈澎湖縣黨部撥租房地〉，《財政部國有財產局》，國史館藏，數位典藏號：045-070303-1365。

[6] 林文鎮等編，《馬公市各里人文鄉土叢書》，第一輯，馬公南北甲：中央里、復興里、新復里、長安里，澎湖縣馬公市公所，2006，頁 83。

[7] 張玉璜，《媽宮（1604-1945）：一個臺灣傳統城鎮空間現代化變遷之研究》，澎湖縣立文化中心，1998，頁 146。

[8] 許雪姬編，《續修澎湖縣志》，卷十四，人物志，澎湖縣政府，2005，頁 180-181。

[9] 「藏匿財產及軍器 經盡被搜出究辦」，《民報》，1946 年 4 月 3 日。

[10] 同註 5。

[11] 同註 8。

[12] 同註 1，頁 98。

[13] 陳英俊，《2021 澎湖縣文化資產手冊》（澎湖：澎湖縣政府文化局，2021 年），頁 104-105。

[14] 同註 1。

[15] 同註 3。

[16] 杉浦和作，《臺灣會社銀行錄》第 8 版，臺灣實業盛信所，1927，頁 194。

[17] 同註 5。

[18] 國家發展委員會檔案管理局，〈臺灣省委員會陳請中央委員會決定澎湖縣寶華飯店申請承購馬公市中正路兩層房地及設備案〉，1987 年 9 月 16 日，檔號：C5060607701/0076/ 省 147/001/0001/046。